U0565107

# 壶中日月

## 陈国义紫砂壶藏品

陈国义 著

上海三联书店

# 目 录

壶
趣

# 壶中别有日月天

　　人生有许多的始料未及，也有许多的不期而遇。但是，我更相信许多的事情就是缘分使然。比如我爱上茶，又比如爱上紫砂壶。如果说茶走进我的生活，并成为我终其一生的事业，还有着一种事业抉择时的悲壮，一种环境保护的责任感，那么紫砂壶成为我的生活方式，则要自然得多。我从来没有意外的感觉，完全就像是自己的左手和右手，那样自然，那样密不可分。

## 初遇紫砂壶

　　当年在香港爱上吃茶，便自然而然地开始接触宜兴紫砂壶。我的第一把紫砂壶是一把紫泥小壶，容量大约100毫升。这把秤砣壶购买于二十世纪八十年代九龙弥敦道裕华国货公司，那时还不知道制壶手是著名的工艺师，亦不知道壶身刻字的是何许人物。只是一眼望去，壶身以甲骨文字体镌刻的"壶中日月长"紧紧地抓牢了我的眼球。壶中日月长，这是怎样的一种意境！李白曾经有"何当脱屣谢时去，壶中别有日月天"的诗句，其洒脱，其潇洒，跃然千年！李白虽然说的是酒壶，难道这不也是茶人所追求的境界吗？！所以，我毫不犹豫地买下了它。时至今日，这把小而精的细壶还摆在我的办公室内应用赏茗，虽然之后我又收藏了好多明清、民国比较珍贵的壶，但这第一把壶仍是我的最爱之一。后来，我才知道这把壶乃束凤英所制，毛国强（一粟铁书）刻字。
　　两年之后，我对中国茶的兴趣愈发浓酽，便想开

一所小茶店。既可满足自己的爱好，亦可招待朋友，更可随时品尝到全国各地出产的不同茶叶，真是乐事！于是，一九八八年利用原来石油生意的一个街角创办了"茶艺乐园"。开业在即，各色茶品都有置办，却突然想到欠缺了一样重要的货品：古董茶壶。说它重要，一来茶与茶壶总像是秤与秤砣的关系，难分难离，互相映衬；二来古董茶壶可以增加店内的底气，让客人感觉店主是一位懂茶的人。于是，我走访了各区，尤其是中上环的古董店。

三十年前的香港，多半古董店是不大理解宜兴紫砂的魅力、实用和使用真谛的，有的店里甚至还有不少的黑墨油上色去仿老或做旧壶。回想起来，当年在香港皇后大道中尾段连接皇后大道西左傍一路上的店铺有不少江浙的经营者，有较多的宜兴老紫砂壶出售。其中在皇后大道中尾接文咸街口有一位马姓店主，潮州人，他在国内收的壶中属老紫砂壶最多，当然有不少是破破烂烂的。另外一家是江苏人赵小蝶经营的"锦锋"，名家壶和真品老紫砂壶最多。那个时期，我从这两家店购入的既有清代、民国的老壶，也有"文革"时期及现代的新壶，在认识真正的旧紫泥料方面获益良多。

在我看过和收藏的这些老、中、青的紫砂壶中，有原矿泥，精工细目泥如婴儿皮肤的；有调砂、混砂、粗砂的；有经长期风化养土制成的；有现代以机械炼泥快速烧成的；有用砂纸磨砂后制成的。其中，以用清代至民国时期的原始的并经风化后再养土一段时间的泥料，以小山坡作龙窑烧成的紫砂壶最为经典。此壶泡什么茶都好喝，不失原味。

这种壶最大优点在于：从地下取出的矿土，有不少杂质放射性元素，而经过日光暴晒、雨水天然冲洗、炼泥之后再用水混合于瓮内并隔天搅拌，两三年之后，泥土已经被纯化而黏稠杂质极少。故此烧成的紫砂壶外形和手感都相当厚朴自然、细腻，舒适度极高，如手摸古玉一样。经常泡茶的老壶，绝不逊色于古玉。这样的壶不仅改善了茶的滋味，让人一饱口福，还能够以手摩挲，其色莹润，让人一饱眼福！所以爱茶亦爱壶的人有句引人入胜的名言：泡茶者以拥有一把清代紫砂壶为荣，次之是民国老壶，再看不可少于"文革"前制成的。这些独特的要求皆因自七十年代之后，紫砂壶都是用重油，或者是电窑烧成（当然，近些年又有一些智者开始恢复传统做法）。这个年代之后的紫泥已经很少经长期天然风化、养土，也非以木柴经龙窑烧成，壶的杂质未清、火气亦重。这些壶泡出来的茶滋味都不如前者。所以，不经过十年八年的用心研习，只是摸过几把名家壶，未能上手使用喝上几年茶，难说自己很懂紫砂壶！

## 难忘壶缘

在日常生活中，常用的泡茶工具有瓷盖碗、玻璃壶、紫砂壶等。瓷与玻璃属于高密度物质，不透气亦不吸味，用来洗茶、试茶是很好的工具，方便随时更换茶叶品类；但也正由于它们没有气孔，不会吸味，使用者便无法体会养壶之乐趣，所以不可培养。清代的瓷盖碗要稍好些，会改善茶汤，使茶口感温润一点。这是因为瓷烧制完成之后，经过一百多年会自动"退火"，瓷质也就熟化了。

至于紫砂，由于胎质特殊，藏多孔而不渗水，形成多重连体结构性气孔，以致茶香和茶滋味能不断地渗入气孔内，滋润与淳化紫砂微粒。吸饱滋味与茶色之后，整个紫砂的外表油然生辉，让事茶者满目喜悦、大大满足，爱不释手！

在我品茗生涯中曾遇上三把绝佳的紫砂壶。一把是民国初期的300毫升扁柿老壶。此壶最奇特之处在于，冲泡绿茶全无青涩味，就算是用上100摄氏度水温泡龙井，不但不会苦涩，反而茶味愈发清香脱俗、悠然可口，舒适甜美至极。民国扁柿壶的特点是看似大壶，然手感重量却如提起一叠棉花，完全不似视觉上正常的重量。

第二把绝佳的紫砂壶是一把清末朱泥小壶，冲泡传统铁观音，不单味醇厚润，不寻常的是常会溢出野花蜜香，回津甜美迷人，让人神游太虚，仿佛灵魂掉落在花丛间。这把120毫升的朱泥小壶外表油润生辉，壶内"茶山"（紫砂壶内壁气孔多年吸附茶水形成的一层层茶积）薄如织锦，厚度大约有1/2厘米。为了避免平日泡茶投置茶量时，碰损壶内壁而导致茶山掉下，以钢丝网格加固于内。想来这把壶若没有两代人天天泡茶，必不能成为众小壶中出色的神品。

第三把壶是清中期粗砂朱泥壶，容量是300毫升，形态朴拙大方，握持手感高度舒适。只要以100摄氏度热水注满，十秒钟即把水倒掉，再用鼻子嗅一下，晶洁的矿外砂香即刻让人陶醉，如置身于旷野无瑕之境。

后来我也遇到或拥有许多名家出品的紫砂壶，如一把井形200毫升清末民初原矿老段泥壶，泡清香乌龙或生普洱亦是可口舒适。但以上这三把最让我念念不忘！爱壶的人都知道，有些钟爱的紫砂壶会一直陪伴左右，直至终老，而更多的会随着时光的流逝，毁损者有之，丢失者有之，换了主人亦非罕有。每念及于此，会在瞬间对紫砂壶有种莫名的失落感，或许此类神品也是只跟有缘人，不可强求吧。

## 几多故事几多趣

在三十多年与壶相伴的日子里，自然少不了许多故事，与大家分享几个。

### 峨眉山月半轮秋

机缘巧合，我得到了一把清代的朱泥大壶，容量大约320毫升。由于朱泥收缩率很大，成品率低，一般用来做小容量壶。现代制作小容量朱泥壶尚属不易，何况制作条件相对原始的清代，这样一把清代的朱泥大壶十分难得！更让我心动的是，壶底刻了"峨眉山月半轮秋"，李白的这句诗为壶平添了几分文人

气度，让我爱不释手。我将它安座在我的博物馆里，几乎每天都要一睹芳容。

香港沓茶会里，有位老兄人称"谭师兄"，在挑紫砂壶方面很有心得。从我手上买走了十几把很好的朱泥壶，其中不乏名人之作。当他看到此壶时，也十分珍爱，便想出高价拥有它，我当然一口回绝。从此，他像着魔一样，每次到店里来，都会取下此壶，把玩一番，然后提出购买的要求。每次都会空手而归。

就这样一年过去了，我常常不忍看他离去时落寞的背影。漫漫长夜，我会独望窗外，思忖有没有什么两全其美的方法。终于有一天，我想到一个好方法。在一次谭师兄再度提出这个要求后，我对他说："谭师兄，我真的不忍心看你这样为了一把壶衣带渐宽，但是我也不能舍弃这把壶，我要时时看到它。我有个想法。"话到此，只见他呼吸骤然急促，眼睛一亮，

这真是个壶痴！我继续说："你可以买这把壶，但是，在我离世之前，这把壶必须放在我的博物馆里。这样，你拥有了这把壶，你想泡茶的时候随时可以取用，而我也可以天天看到它，如何？"

这个方案显然出乎他的意料。我本想如此苛刻的条件他断不会接受，从此也就不要再动这个心思了，这是另一种意义上的两全。但是，他思量良久，竟很高兴地接受了这个方案。

有一次，他来店里，取壶把玩许

久后，忽然问我："师父，如果我要是先您而去，这把壶该怎么办呢？"我哈哈大笑："当然是归我了！所以，为了这把壶，你一定要长寿呀！"虽只是句玩笑话，但我深感谭师兄对这把壶的热爱。三十几年里，我遇到的这样的爱壶之人绝非个例。

## 玉井生香不了情

我在香港茶艺乐园开班授课后，会经常使用不同年代的紫砂壶做泡茶的示范。不同年代、不同泥料、不同形制、不同泡养时间的壶都会有其各自的特点和对茶的适宜性。

二十多年前，在一次授课时，我使用了一把清代的老紫砂泥料的三足水平壶。底款是孟臣款，并刻"玉井生香"四字。这把壶的珍贵自然是因为年份，但其妙处却在于壶底几乎要贴到桌面，中间只容得一根头发通过。这样的技艺真可称得上是"差之毫厘，谬之千里"了。课上，一位即将移民加拿大的茶友，一不小心将壶碰落在地，万幸的是提把上下未断，只是提把的中间掉了下来，上下各留了半厘米。我一边安慰惶恐的同学，一边想如何解决问题。后来，我参照玉镯的修复方法，找工匠用包金的方式将其重新修好。但在使用中又出了状况，因为泡茶时需使用90摄氏度以上的热水，金导热性能良好而导致包金外壳烫手。我借鉴其他工艺，亲自在提把上编制了与紫砂颜色相近的蜻蜓结。这样改造后，使用问题完全解决

了，蜻蜓结又像刻意为之，一定程度上反增紫砂壶的美感。

紫砂壶是较为脆弱的器物，使用中难免会遇到这样或那样的状况。以爱人之心护佑，以怜惜之心复旧，以平常之心接受，或是我们面向紫砂壶的态度。

## 品壶亦品人

我在香港开设的茶艺班中，除了品茶教学，亦有针对紫砂壶欣赏及使用的课程。很多学生借此对茶壶入门后，便开始了自己的深度学习，之后有了新的想法，他们便会前来与我交流分享，通过碰撞来互相进步。

茶班的学生中有一位何先生，热衷于钻研潮州功夫茶的品味及泡法。有一天，他来到我们位于长沙湾的总店，见到一把150毫升的民国孟臣小壶，爱不释手，便问我可不可以借他用几天来钻研学习一下。我很欣赏他对传统功夫茶泡法的热情，于是打开了柜子，把这把孟臣小壶借给了他。没想到仅仅一天他就把壶还了回来，当时我不在，他便把壶给了我的员工。故事本来到这里就完结了。可是万万没想到，他后来在茶友聚会中很开心地主动跟别人讲，他在我店里借来一把非常好的民国孟臣小壶，泡了以后很喜欢，第二天便还了一把类似的茶壶，甚至还兴奋地说道"茶艺乐园的人都不知道！"。后来别人跟我说了这件事，我一笑了之。我是抱着跟爱茶人分享的心态与人交心，有些人却做不到以心交心。"奈何明月照沟渠"！社会上难免有这样人心难测的事情，很遗憾。

壶

## 第 二 章

赏

## 腰圆壶

容量：120ml

款识：王红娟造（底款），红娟（盖款）

赏评：这把壶的创意很好，大多数的壶都讲究三点平（即壶嘴、壶口、壶把呈三点一线）。而这把壶勇敢地突破了传统，通过设计使得它拿在手上丝毫不费力气，轻松自在。

## 高身倒把西施壶

容量：180ml

款识：王红娟制（底款），王（把款），王、红娟（盖款）

赏评：此种乌黑油润的泥土很有辨识度。这把壶整体的造型在倒把西施中算是有所超越的：的子圆润度以及顺下来的弧度都很完美；耳朵下来的弧度也非常恰当；而壶嘴则颇有创意，就像只可爱的小松鼠、小兔子一样。

## 倒把西施壶

容量：140ml

款识：中国宜兴（底款）

赏评：约为20世纪90年代的新朱泥壶。精
工，明针细腻，的子圆润。提把顺手；因为
壶身扁，耳朵不需要很高也能很好提起。

## 倒把西施壶

容量：250ml

款识：谢志华（底款），志华（盖款）

赏评：芝麻段泥的倒把西施壶。的子上的如意纹很少见。提把比较饱满，做工简洁有序，玲珑且好拿。

# 段泥西施壶

容量：150ml

款识：陈珊英制（底款），陈、珊英（盖款）

赏评：倒把。从加拿大茶艺乐园购回来的壶。颗粒感强。

## 炮嘴水平壶

容量：160ml

款识：陈文卿制（底款）

赏评：应为仿"陈文卿"款。原矿泥土，呈现出了绿豆沙的颜色，砂中也有很多红砂。放大后可以看到气孔，有"石上开花"的感觉。

注释：陈文卿为明末清初紫砂艺人，其被誉为万历年间四大紫砂高手之一，所制紫砂典雅大气。

# 白泥圆壶

容量：250ml

款识：仁杰陶制（底款），胡（把款）

赏评：现代白泥作品。竹子很有气节，蟋蟀在太湖石上神态活灵活现，呈现出大自然的息息相生。

## 炮嘴小壶

容量：200ml

款识："兔印"（底款）

赏评：耳朵按清代"顺方"造型所作，耳朵与壶嘴比例恰当。

## 混砂小圆壶

容量：140ml

款识：中国宜兴（底款）

赏评：现代段泥混砂壶。泥料不错，有颗粒感，用一段时间后颗粒发亮尤见其美。唯耳朵稍微大了一点，如果下边减小两厘米，推进去就很美了。

## 朱泥小壶

容量：150ml

款识：明月清风惠彖心、孟臣制（底款）

赏评：炮嘴和耳朵自然大方，的子浑圆优美。

## 高身窑变壶

容量：250ml

款识：香清才子心、逸公（底款）

赏评：壶身的颜色可见其少见的窑变效果，用放大镜放大后更可以看到气孔，有"石上开花"的感觉。

# 玉柱壶

容量：200ml

款识：玄荫堂（底款）

赏评：现代朱泥，泥土细密。线条优美、庄重，大方得体。

## 描金小圆壶

容量：140ml

款识：中国宜兴（底款）

赏评：主要欣赏这把壶两点：一是描金的花纹有创意；二是凹的如意纹很美。唯耳朵做得不理想，如果先向上一点，然后再弯下来，而不是一开始就抛凸出来会更符合人体工程学。

## 描金小圆壶

容量：160ml

款识：中国宜兴（底款）

赏评：描金的花纹很有创意，但耳朵做得中规中矩。

## 描金小洋筒壶

容量：140ml

款识：中国宜兴（底款）

赏评：此壶以波浪纹描金，很潇洒，贵气中带点秀气。这样描金颇有创意，华丽又富贵。另外出水孔是半球体的细密球孔，出水特别好。

## 描金小洋筒壶

容量：140ml

款识：中国宜兴（底款）

赏评：的子上做了个梅花纹，整体清秀。

## 描金小圆壶

容量：160ml

款识：中国宜兴（底款）

赏评：如意祥云纹配合福字与古钱的造型，寓意多福、多寿又多钱。这个图案也寓意着天时地利人和。寓意这么美，同时描金又有创意，华丽且富贵。

## 刻经桑扁壶

容量：220ml

壶铭：般若波罗蜜多心经

赏评：泥土乌黑润泽。该壶线条玲珑，壶嘴做得很有分量，干净利落。的子
饱满，盖子平顺，脖子高。只是耳朵突出得稍多了一点，手感有点虚。

## 刻经高潘壶

容量：150ml

壶铭：般若波罗蜜多心经 阳羡一明刻；阳羡一明制壶于苑林阁并镌陶

款识：建军造壶（底款），范（把款），范、建军（盖款）

赏评：造型朴拙，书法到位。

## 大亨掇子壶

容量：300ml

款识：雪卷（底款），徐（把款），徐、雪卷（盖款）

赏评：少见很有骨力的大亨掇子壶。造型完美无瑕，每个部分都均衡细腻。双线盖、耳朵、把手，可以说是十全十美。线条玲珑流畅，一直到脚底，底部还有点微微往外撇的弧度。

# 圆壶

容量：180ml

壶铭：瑶池春不老，寿域曰开祥

款识：建明陶制（底款），吴、建明（盖款）

赏评：该壶大小适中，适合四到五人品茶。这种红泥有点用旧的段泥的味道，些许黄又黄中带红。做工很精致，壶嘴和提把呼应得特别好。的子圆润而均匀。贴花细致，鸟儿栩栩如生。

注释："瑶池春不老，寿域曰开祥"，一般为贺女寿所用，寓意瑶池金母即王母娘娘不见老迹，万寿无疆。

# 高身莲子壶

容量：180ml

款识：邵圣德制（底款）

赏评：应为仿"邵圣德"款。这把壶耳朵很有特点。耳朵比较传统的制作有
两种：一是拉得很靠下，这样比较大气；二是拉得比较靠中间。该壶耳朵特
别小，但能很好提起来，称心、称手，不会有不伦不类的感觉。

注释：邵圣德生平不详，曾见所制朱泥瓮形壶，钤"一美斋"和同"邵圣德
制"印款，或与清初名家邵圣和、邵亨裕为氏族兄弟。

## 莲子壶

容量：180ml

款识：志平陶制（底款），唐、志平（盖款），唐（把款）

赏评：此壶耳朵特别优美，并非全圆，而是上来先停一停再收下来，看起来很有自信、有傲气。的子非常玲珑，盖子线条饱满有致，脖子做得也是清清楚楚。唯一遗憾就是作壶之前养土时间不够，不然就不得了了。

# 三线淋砂壶

容量：160ml

款识：范正初制（底款），范（把款），范、正初（盖款）

赏评：此壶比例很好，但泥料一般。红紫砂淋下来，很自然，亦有颜色的比对，颇具立体感，很有创意。

## 荷花壶

容量：300ml

款识：中国宜兴（底款）

赏评：泥料选用了大红袍，筛选泥土时目数高。外观细腻，造型和叶片都做得栩栩如生。耳朵稍有不足，往外抛多了一点。

## 美人肩壶

容量：250ml

款识：夏晓挺制（底款），夏（把款），夏、晓挺（盖款）

赏评：泥土非常细腻、红润，整体造型不错。

## 美人肩壶

容量：300ml

赏评：壶身乌润，铺满了红色的砂粒，好像夜空中的点点繁星。整体造型不错，如果耳朵能再下拉一厘米就更完美了。

## 高身小壶

容量：100ml

款识：旭峰小品（底款），吕、旭峰（盖款）

赏评：小品壶，做得很不错，整体小而精。的子
开口果的造型巧妙，耳朵饱满圆润。

## 水磨小潘壶

容量：100ml

款识：和芳制陶（底款）

赏评：高身、水磨的小潘壶。水磨是用很硬的砂纸把它磨得
好像镜面一样。壶盖和壶身的吻合度高，呈一条水平线，是
三点平的传统工艺。

注释：水磨抛光是中国几千年来存在的工艺手法，运用于陶
瓷装饰方面可见于汉、唐遗器，远比只有五百余年的紫砂陶
艺历史更早。但是将此种装饰手法运用于紫砂陶艺作品之中
的案例却是出现得相当晚。据悉最早历史的水磨壶当在道光
年之后，究其因缘应是外来订货。

## 水磨高潘壶

容量：180ml

款识：杨氏（底款）

赏评：做工和造型都很不错：耳朵完美，壶嘴很有神气，的子也不错。这种水磨的壶是先用粗的砂磨壶的表面修饰棱角；再用细的砂将它打磨得好像镜子一样，兼有云石和玻璃的质感。

## 水磨石瓢壶

容量：160ml

赏评：这把壶没磨之前好像石头，有着芋头般的颜色，水磨后展现出了砂在紫砂壶里的本来风貌。缺点是耳朵单薄了一些，瘦小得好像营养不良。

注释："石瓢"最早称为"石铫"。"铫"在《辞海》中释为"吊子，一种有柄、有流的小烹器"。苏轼《试院煎茶》有云："且学公家作名钦，砖炉石铫行相随。"顾景舟引用古文"弱水三千，仅饮一瓢"，将"石铫"称为"石瓢"，从此相沿均称石瓢壶。

## 点砂石瓢壶

容量：80ml

款识：竹谿监制（底款）

赏评：有趣味的小石瓢壶。很有创意，做得很Q、很好玩。上面的一个个小点是点上去的点砂。因为如果是洒下去的，点的密度会很高。

# 三足乳鼎壶

容量：240ml

壶铭：映日荷花别样红、甲午年

款识：赵孟君制（底款），赵（把款），
赵、孟君（盖款）

赏评：泥料是很醇美的清水泥，舒服且油
亮，更有哑面光泽。耳朵特别神气，十分贴
合壶身，颇有味道。的子玲珑、精美。整体
比例精彩，线条饱满。此壶底部是三足，这
样的壶底灵巧可爱，方便使用。荷叶画得潇
洒、豪放，壶铭的"映日荷花别样红"是说
艳阳照在荷叶上有不一样的红，也形容一个
人的事业到了它最风光的时候，已经不单单
是一个明星了。

注释："映日荷花别样红"出自南宋诗人杨
万里的《晓出净慈寺送林子方》。"毕竟西
湖六月中，风光不与四时同。接天莲叶无穷
碧，映日荷花别样红。"

## 三足乳鼎壶

容量：180ml

壶铭：怡心、岁次丙戌年春月陶纾画并铭

款识：许频频制（底款），频频（盖款）

赏评：段泥乳鼎壶。整体造型不错，耳朵贴合壶身的弧度微微伏进去，壶嘴和盖子"玉乳"的造型配合得很到位。书法古朴。

## 天圆地方壶

容量：180ml

款识：茶艺乐园（底款），邹（把款），邹旭敏（盖款）

赏评：该壶为香港茶艺乐园设计并定制。泥土油亮，壶身饱满。倒把的圆特别肥。壶嘴下面留了一点空间使得出水十分流畅，四脚落地也使其壶底不易沾水。寓意为"天圆地方"，泡茶之时提醒自己做人要有度。

## 黑金刚壶

容量：180ml

壶铭：雅量含高远，诗书见古今。乙未夜月石乐书

款识：徐寅飞制、乙未夜月、手工精制（底款），徐（把款），徐寅飞（盖款）

赏评：泥土美，砂质感佳，造型不俗。敲击起来有脆耳金属声，壶烧成温度够高。

注释：壶铭上句"雅量含高远"出自唐代杜甫的《移居公安敬赠卫大郎钧》："雅量含高远，清襟照等夷"。下句"诗书见古今"出自唐代储光羲的《题虬上人房》。原为"清言见古今"，后人把"清言"改为"诗书"，意为有了宽宏的气度就能意气高远，从诗书中才能察见古今。

# 井形壶

容量：250ml

款识：洪发军制（底款），洪（把款），洪、发军（盖款）

赏评：厚重不失潇洒，壶嘴有悠然自得之乐，整体感觉很舒服。

## 酒呈壶

容量：150ml

壶铭：春眠不觉晓，处处闻啼鸟。夜来风雨声，花落知多少。岁次丙戌冬月古阳姜云舟书

款识：许敏芳制（底款），许（把款），许、敏芳（盖款）

赏评：酒呈的造型。画工特别生动，表现了一个老人在老松树下面看星星的场景，栩栩如生。另一面的行书老练而活泼，龙飞凤舞。

注释：壶铭语出唐代孟浩然代表诗作《春晓》，抒发内心萌发的深厚春意。

## 点砂如意壶

容量：160ml

款识：毛映红（底款）

赏评：的子规矩、玲珑，耳朵也不错。整体
线条优美。

## 寒江独钓壶

容量：130ml

赏评：点砂壶。的子有点含糊，但耳朵特别配合
整个壶的造型，所以整体感觉倒也流畅。颇有种
"孤舟蓑笠翁，独钓寒江雪"的意境。

## 点砂小壶

容量：150ml

款识：马亚君制（底款）

赏评：泥土很不错，油亮光润，是经过养土的。点砂工艺细腻，犹如繁星点点，适宜自用的小壶。

## 扁柿壶

容量：180ml

赏评：泥料十分独特，砂质洁净美丽，形成了很
多原始的砂洞。只是造型不太吻合比例，耳朵稍
微粗了一点。壶嘴能往下拉半厘米，流畅度应该
会好很多，现在稍显拖沓。

## 腰线如意点砂壶

容量：250ml

款识：徐建平、"生肖印"（底款），徐（把款），徐、建平（盖款）

赏评：点砂是一粒一粒慢慢点上去的。腰线上面没有砂，显得清晰而玲珑。

## 满天星壶

容量：180ml

款识：省思堂（底款），省思堂小品（沿盖墙边）

赏评：点砂壶。泥料是乌黑的紫砂加上金黄的砂土，经过泡养后，金黄色会愈发凸显，好像繁星点点。的子特别玲珑，提把的下面三分之二很美，上边三分之一圆润度稍有马虎。

## 满天星壶

容量：220ml

款识：李德兵制（底款），李（把款），李、德兵（盖款）

赏评：点砂好像天上的繁星，所以也叫满天星，如果养一养应该会特别美。壶嘴和耳朵比例统一。的子的工艺很好，非常玲珑，像颗洋葱头，看起来可爱。

## 饮水思源壶

容量：160ml

款识：蒋顺英制（底款）

赏评：泥料润美。此壶像农村打水的水井，蕴含着一定的人生哲理，那就是饮水思源。现代人在喝一杯好茶的时候，也应当思考一下一杯茶从采茶、做茶、藏茶到冲泡所走过的不易。这种感情带动着人的生命力。

## 垒线壶

容量：200ml

款识：文保斋（底款）

赏评：砂的结构细腻、流畅、顺滑，好像婴儿的皮肤。整个壶的造型很有创意，七层垒线取意七层佛塔，而七层佛塔是最高等级的佛塔。提把仿蝴蝶的造型，用手穿过去畅顺如意。

# 化石壶

容量：180ml

赏评：此化石壶极为珍贵，化石需要几十万
年才形成。在这段时间木都会变得像翡翠、
玉那样坚硬。制作这把壶的时候，首先将化
石打磨，镂空出一个茶壶的形状，壶嘴、壶
身、耳朵乃一气呵成，然后再一点点修饰。
上面的花纹其实是破烂的贝壳，海浪的滚动
使得贝壳破碎，慢慢变成化石的一部分而自
然地留在了上面。从中医的角度此壶有医疗
的作用，从历史的角度此壶甚至比清代的朱
泥壶还要珍贵。当时香港化石学会的会长邀
请我去当会员，问我有没有兴趣买来用，结
果只买了一把，现在很后悔没有多买几把。

## 几何砂壶

容量：220ml

款识：庚辰年大寒、李幸龙（底款）

赏评：台湾砂，这把壶创意很好，可以把砂的表面做成不同的几何图案编织，好像用竹子编篱笆。耳朵的弧度也很到位，比例合理舒畅。

# 觚棱壶

容量：140ml

壶铭：枝下以褐春梦诗、（桦）（泝）味以清心。句话千秋

赏评：壶底四角的设计避免其沾到水。的子做了个拱桥的造型但周围没有修饰干净。乍一看整体造型尚可，细看则局部粗糙，细节处没有下功夫。线条修饰得不好，紧密度亦不足，有些地方甚至都没有修饰平；耳朵做得也比较随意，没有用心。

# 四方壶

容量：320ml

壶铭：清谈、宏林

款识：贾益芳制（底款），贾、益芳（盖款）

赏评：泥土不错，原矿土颗粒感强，有如繁星点点。的子、壶嘴与耳朵搭配极其恰当。提壶亦轻松舒畅。

## 小僧帽壶

容量：150ml

款识：冯余妹制（底款），余妹（把款），余妹（盖款）

赏评：泥土一般，这种造型曾风靡台湾，但是这么小的僧帽
壶还是不多见。僧帽细节处刻画细致，很显功夫。

## 僧帽壶

容量：200ml

赏评：泥土很好，经过了炼土和细腻的明针修饰。整体造型不错，内有含漏斗的内胆，颇有创意。美中不足的是耳朵从中间向下的弧度不太顺，抛出太多，可惜。

## 包袱壶

容量：200ml
赏评：泥土比较干燥。整体造型
玲珑生动，细腻。

## 龙凤包袱壶

容量：240ml

款识：周永刚制（底款），周、永刚（盖款）

赏评：泥土细润，筛选得很均匀使得其表面光滑，工艺很精细。

## 三足龙凤壶

容量：200ml

赏评：有古青铜器的气质。龙头
凤尾，三足底，非常古朴。

## 洋洋得意壶

容量：160ml

款识：吴菊芳制（底款），吴（把款），吴、菊
芳（盖款）

赏评：泥土是很好的清水泥。从各个角度看构图
都圆润优美，慈母背着小羊的造型栩栩如生。壶
嘴饱满，耳朵也丰厚，非常有味道。

# 鱼跃龙门壶

容量：280ml

壶铭：惠风和畅

款识：徐汉棠制（底款），徐（把款），徐、汉棠（盖款）

赏评：该壶应是仿"徐汉棠"款。整体造型是鲤鱼跃龙门。泥土是经过养土的，很油亮。耳朵顺下来的弧度与壶体自身的弧度配合得好，流畅自然。隶书写得非常美。

注释：壶铭语出晋代王羲之《兰亭集序》："是日也，天朗气清，惠风和畅"，是说柔和的风让人感到舒畅。

# 素竹报春壶

容量：320ml

壶铭：茗画暝起味，书卷静山缘；石泉铭；竹趣、石泉

款识：吕尧成印（底款），尧臣（盖款）

赏评：应为仿"吕尧臣"款。熊猫的题材曾在20年前非常流行。泥巴均匀度很好，因此很容易看到它表面一致性的光滑度。整体构图好，只是身子大，壶嘴却很窄，出水会很慢。另外，如果耳朵可以再下拉一厘米就更美了。

注释：壶铭化自明代文征明的《暮春斋居即事》"茗杯眠起味，书卷静中缘"。

## 莲子壶

容量：180ml

款识：荆溪杏仙（底款）

赏评：作为生活泡茶用具很写意。盖子上的花纹采用了脱离传统的设计。仔细观看，其犹如风中的莲叶，惟妙惟肖，极具原野风味。

# 柿子壶

容量：180ml

款识：美景制陶（底款），钱（把款），钱、美
景（盖款）

赏评：做工很细腻的柿子壶。叶片栩栩如生，耳
朵也不错。造型端庄，比例得当。

## 劲竹壶

容量：180ml

款识：云棠（底款），史、云棠（盖款）

赏评：泥土一般，但创意极佳，将竹子在野外的自然生态表现了出来。

# 三友壶

容量：300ml

款识：朱可心（底款），可心（盖款）

赏评：应为仿"朱可心"款。但做工精良，提把方便抓紧且不容易滑落。

## 松梅情

容量：180ml

赏评：老松树加上梅花的造型神气十足。提把勇敢地向上提高了，使得出水流畅。唯有手提时松枝有点顶手。

# 松枝提梁壶

容量：200ml

款识：顾全根制（底款），顾、全根（盖款）

赏评：整体比例好，提把的位置虽然做成了树枝的造型，但不刺手，拿起来颇为舒适，出水的重心也很好。虽是仿古松树所做，但丝毫没有粗糙的瑕疵，干净利落。

## 东坡提梁供春壶

容量：180ml

款识："图形款"（底款）

赏评：表面像老树瘿，提梁呈八字像树上生长出来的树枝。很细致，惟妙惟肖。壶身不小，但壶嘴薄得就像纸一样，工艺精良，尤其可爱。

## 灵芝供春壶

容量：250ml

款识：玉麟（盖款）

赏评：这把壶虽为仿"玉麟"款，但很难找到这么完美的供春壶。耳朵为倒把，在提把与壶身相接处可以看到一条先微微上提再顺着壶身向下的美妙曲线，拿起来方便又大气。纹路也玲珑。

注释：黄玉麟（1842—1914），宜兴蜀山人。其制壶技艺较为全面：方圆皆擅，以供春、鱼化龙等壶式为代表。从传世作品中发现其作品选泥考究，调配精湛，所制壶流最能显出其个人风格。玉麟观吴大澂收藏之商周彝鼎与古器物，艺事大进，声明益高，深得吴大澂的重视，并手镌印章赠之。晚年，每制一壶必精心构思，积日月而成。

## 荷叶壶

容量：280ml

款识：供春（底款）

赏评：仿"供春款"荷叶小
品壶。原矿砂，近距离看的
话，砂特别美。荷叶的纹路
到位，整体很畅顺。

## 白泥筋纹壶

容量：200ml

款识：君缘陶（底款），周（盖款）

赏评：这把壶最独特的是白泥土配了原矿砂，好似红豆沙中的颗粒感。盖子上做了两只瓢虫，很有野趣。短嘴收得非常好。耳朵也美丽，像南瓜的线条，拿起来贴心。

# 筋纹小壶

容量：150ml

款识：丁爱华（底款）

赏评：筋纹小品。耳朵特别可爱，外方且平，内呈半弧形。用两根手指把它拿起来，刚好紧凑得力，受力舒适。

## 六瓣水仙壶

容量：280ml

款识：白云天外至、文伯（底款）

赏评：耳朵很不错，壶嘴有点歪歪的。

注释：陈文伯，号寄石山房，宜兴人。清代雍正、乾隆年间著名的制作紫砂的名师，生卒年不详。他所制作的紫砂花盆，形美质坚，畅销日本，久而不衰。

## 菊瓣壶

容量：220ml

赏评：壶形丰姿美满，整体造型好，只是盖子贴合度不够紧密。

## 高身筋纹大壶

容量：380ml

款识：陈觐侯制（底款）

赏评：应为仿"陈觐侯"款。耳朵不够饱满，瘦而平，缺少顺滑的感觉。

注释：陈觐侯（1702—1765），清乾隆时宜兴紫砂名工，荆溪人。所制古器极精雅，其传世器物中壶少而古器多。工治壶，亦擅作碗、盘等器皿。所制作品精细工整，造型优美。

## 小西施壶

容量：80ml

款识：中国宜兴（底款）

赏评："文革"时期的年糕土小西施壶。红泥很油润，平底，适合一两个人使用，也非常容易泡茶。

## 小西施壶

容量：80ml

款识：荆溪惠孟臣制（底款）

赏评：耳朵上是自作蜻蜓结。这种编织手法是从台湾学来的，目的是既防止烫手又可以握得很紧，不容易下滑。

## 黑铁砂小洋筒

容量：160ml

款识："山水印"（底款）

赏评：20世纪50年代黑铁砂。耳朵做工没有学到以前清代壶的妙处，也就是没有做到提把与壶身相接处先微微向上提再延着壶身弧度顺下去的美妙曲线，略显平淡。

## 黑铁砂折肩小壶

容量：150ml

款识：华香国宝（底款）

注释：华香国宝与真自履源、荆溪美玉、竞媚清香、德寿富贵、宴席肆设皆为清代乾隆时期左右惯用的款。

## 黑铁砂小圆壶

容量：150ml

款识："寿纹"（底款）

## 黑铁砂三线束腰壶

容量：150ml

款识："寿纹"（底款）

赏评：20世纪50年代黑铁砂，当时来说也算比较少的，有铁焊的味道。乌黑油亮，小且厚重，如意纹、万寿纹用意吉祥。

## 秤砣壶

容量：80ml

壶铭：壶中日月长、一粟铁书

款识：凤英（盖款）

赏评：30多年前我收藏的第一把紫砂壶，是以黑紫砂的泥料配上传统秤砣的造型。"壶中日月长"五个字寓意深远。这把壶的子做得稍小了一点，不好拿起来。

注释："壶中日月长"取自明代《封神演义》所言之"袖里乾坤大，壶中日月长"。最初是用来说酒文化的，但用在茶与茶壶上面亦贴切。

## 汲直壶

容量：280ml

壶铭：大海航行靠舵手；红雨刻；幽兰

款识：中国宜兴（底款）

赏评：黑土，耳朵的处理比较随性，拉得很靠下。而含苞待放的幽兰亦绘制得随性、写意。

注释：无论是壶铭的"大海航行靠舵手"还是很有时代气息的"红雨刻"，都是"文革"时期最有特色的历史痕迹。

## 倒把粗砂朱泥小壶

容量：160ml

款识：中国宜兴（底款）

赏评：很珍贵的粗砂朱泥小壶。此壶壶身非常扁，的子也压扁且深凹进去，所以壶身和的子堪称绝配。耳朵做到了"一点点"的韵味，好像一个人的傲气，现在很难看到这种气质。砂粒粗糙，颇有男子汉的气概。在烧制过程中，空气和温度互相争取空间，因而砂粒越大，壶会越容易破裂，极难做成型。用放大镜看壶底"中国宜兴"旁边的小孔，每个爆开的砂粒都像火山口，有"石上开花"的感觉。这种石上开花很极品，很难得！而且泡茶特别好喝，因为它不会闷熟茶，又因为是朱泥，保温也好。

## 炮嘴朱泥小壶

容量：150ml

款识：云石轩（底款）

赏评：约20世纪80年代制朱泥壶，比较光洁，看上去硬朗。耳朵做得比较随意应该是一般工手所做，没有做出那个时代的感觉。

## 水平壶

容量：90ml

款识：中国土产畜产进出口公司福建省分公司厦门支公司（底款）

赏评：泥土细腻。这种壶底二十二字款的壶在香港开茶班教同学们喝功夫茶的时候基本都卖光了。一直到现在，很多会喝潮州功夫茶的人都在寻找这样的"文革"水平壶。

## 凤戏牡丹水平壶

容量：250ml

壶铭：崇山流水，兰蕙幽香；酌波清泉，涤洗尘缘

款识：贡局（底款）

赏评：泥料光润。壶嘴和耳朵的均匀度、粗幼相配。的子玲珑。画面搭配立体，凤戏牡丹也是很传统的吉祥图案。

注释：贡局是清末外销泰国的宜兴紫砂壶上常见款识。晚清外销泰国的壶式基本为光素简洁造形，然而做工精巧，比例得当，大多数出自当时优秀紫砂艺人之手，是宜陶又一珍品。受闽、潮功夫茶的影响，朱泥小壶在新加坡、马来西亚、泰国盛行。

## 鸭嘴水平壶

容量：180ml

款识：中国土产畜产进出口公司福建省分公司厦门支公司（底款）

赏评：该壶泥料选用非常油润的紫泥，这种油润的度不会是现在做的壶。因为现在做的壶表面比较硬，没有以前的壶那么润那么柔软。壶身饱满，的子玲珑，干净利落。壶嘴像鸭的嘴。壶嘴的"脖子"那么胖，上面却纤瘦而娇俏，这样强烈的对比很美，完全没有累赘感。

## 横把水平壶

容量：160ml

款识：中国宜兴（底款）

赏评：在清代的时候，日本京都有很多出家人已经开始用朱泥壶来泡茶喝了。因此约十多年前，很多人跑到日本、泰国、马来西亚等地寻宝，找寻老的朱泥壶。这类横把的壶是按照日本人的要求定制的，以红色和咖啡色居多。

## 横把鸭嘴壶

容量：350ml

赏评：该壶应为"文革"前后日本定制的急须。用料是很一般的紫砂，深浅相间，不太均匀，且没有经过养土。由于当时大量出口，因而没有用最好的砂土。但做工依旧很好，无多余的地方，干净利落！梅花画得随意，但很有骨力。

# 梨形壶

容量：120ml

赏评：炼土有水平。的子玲珑，壶嘴并非直线向前，而是在
向前过程中突然有一个凹进去再凸出来的弧度，立体感强。
耳朵显得不够大气，显随意。

## 尖嘴梨形壶

容量：180ml

款识：松鹤延年（底款）

赏评：耳朵的弧形稍微大了一点，如果先拉高一点再顺下来会更完美。尖筒嘴，传统工艺。总体造型平顺，饱满度亦不错，比例得当。

注释：松鹤延年款，在清末民初比较多见。

## 调砂龙蛋壶

容量：180ml

款识：逸古堂（底款）

赏评：该壶是朱泥调砂，即朱泥加上颗粒的段泥，很有颗粒感。耳朵的造型在龙蛋中算做得不错的，虽然看着纤瘦，实则有一定的厚度，并无虚感。虚即指茶壶和耳朵的比例不对、不到位、空虚，提起壶时不贴心。

# 三线小洋筒壶

容量：120ml

款识：逸古堂（底款），吴记（把款）

赏评：梨皮小朱泥壶。此壶像喝酒的酒桶一般，三线壶。耳朵先向上一到两厘米再顺下来，这样的设计很好拿，使用方便，说明工手很有心得。

# 巨轮珠壶

容量：120ml

款识：泰文款"拉玛五世"（底款、盖款）

赏评：很少见的朱泥巨轮珠。早期日本僧侣最喜欢这样的造型，因为其较为实用。该壶颗粒感强，造型朴拙，大小适宜一到两人使用。

注释：清末时泰国的国王拉玛五世（1852—1910年在位），极大地促成了泰国大量进口宜兴紫砂壶。除泰国宫廷和皇族自用外，亦赠于泰国皇家寺庙使用。他还采取西方的模式颁布了一系列重大的改革，废除奴隶制度，改革司法和财政，并革除老旧的行政官僚陋习。被普遍认为是泰国历史上最有权力和伟大的君主、现代泰国的缔造者，后世尊称为朱拉隆功大帝。

## 炮嘴朱泥壶

容量：160ml

赏评：约20世纪50年代的朱泥壶，泥土厚重。以前的人卖孟臣壶（潮州人拿来泡乌龙茶的，代指水平紫砂壶）时，是按重量卖的，重的就多算几十块。这把壶泥土油亮，是经过养土的。泥先外露荒野风化，然后混合水和泥，经每天搅拌一直到泥砂分离；接着把它倒在地沟上覆盖住让它陈化，通过"阴"的过程使得放射性（Radiation）降低，最后再调砂，因此泥土的立体感强且油亮。稍有遗憾的是耳朵有点大，好像大耳牛。

## 三线束腰壶

容量：200ml

款识：葫芦印内"雍正赏壶"（底款）

赏评：整个壶比例非常好，像个可爱的小胖子。耳朵丰满好看、大气，粗幼和壶嘴相当吻合。近距离放大，可以看到带有很多小的红豆砂和一点点铁砂的原矿砂结构。的子跟盖子上面都做了细腻的僧帽上的花纹。

## 炮嘴大壶

容量：200ml

款识：陈荫千制（底款）

赏评：泥料是接近墨绿色的原矿砂。比较有创意的是脖子上面的一圈纹路，好像石墨轮盘。稍有不足的是提把宽了一点，导致古朴味不足，如果耳朵往下推多一厘米，感情与气度就不一样了。

注释：陈荫千为乾隆中期宜兴制陶名家，制壶庄重，制作精良、质朴大方。

## 段泥石瓢壶

容量：200ml

款识：中国宜兴（底款）

赏评："文革"后的老段泥石瓢壶。造型朴拙。壶身虽胖，壶嘴却短，所以
看起来很翘。耳朵也很小，因此看起来不笨，带有藏拙的感觉。但是不知为
何壶盖越泡越油亮，比壶身泡养的变化大很多。这把壶如果用传统的提法不
便提起，但用双手配合来拿则十分舒畅。

## 子冶石瓢壶

容量：250ml

壶铭：画竹多而作书少，人道余书无竹好。偶然作此当竹看，又道竹不如书老。子冶自记

款识：子冶（底款）

赏评：该壶应是20世纪80年代后期仿子冶款石瓢壶。虽书法一般，并非大家所为，但也中规中矩。泥土尚精。

注释：瞿应绍，字子冶，一字陛春，号月壶，晚自号瞿甫，又署老冶，室名毓秀堂。上海名士。道光间贡生，官玉环同知。最善画竹，浓淡疏密、错落有致，兰、柳亦工。又擅篆刻，又好刻竹于宜兴茶壶上。

## 刻经水平壶

容量：120ml

壶铭：般若波罗蜜多心经

款识：中国宜兴（底款）

赏评：水平壶上写书法的比较少，泥土像老橙子那种黄。线
条玲珑度高，一点拘束都没有，流畅而顺滑。

## 刻经水平壶

容量：120ml

壶铭：般若波罗蜜多心经、石月书

款识：中国宜兴（底款）

赏评：泥土是经过风化的泥土。的子也不够玲珑，工艺同样中规中矩。

## 刻经掇子壶

容量：160ml

壶铭：般若波罗蜜多心经、石生刻

款识：中国宜兴（底款）

赏评：约20世纪80年代的赵庄朱泥刻经掇子壶。刻的字很细腻，字虽小但是精致而朴素。造型也不错，浑圆有致。

## 刻经仿古壶

容量：200ml

壶铭：般若波罗蜜多心经、石生刻

款识：中国宜兴（底款）

赏评：约20世纪80年代的赵庄朱泥刻经掇球壶。做工和刻字都很精美，字小但细致有序。

## 刻经潘壶

容量：150ml

壶铭：般若波罗蜜多心经

款识：中国宜兴（底款）

赏评：20世纪80年代流行这种石绿的颜色。隶书书写用心，只是泥土风化时间较短。的子也不够玲珑，工艺中规中矩。

## 刻经金海茶器

容量：200ml

壶铭：般若波罗蜜多心经

款识：中国宜兴（底款）

赏评：民国的时候很流行用这种造型的公道壶泡人参喝。该壶乍看泥土非常好，实际上器内泥土本来粗糙且干燥，后来在外面涂了一层磨得很细的红泥泥浆作化妆土才有了现在的红润。行书《心经》很得体。

## 刻经鸭嘴孟臣壶

容量：150ml

壶铭：般若波罗蜜多心经

款识：中国宜兴（底款）

赏评：很少见到这么美的鸭嘴孟臣壶，还刻上《心经》。整体中规中矩，只是耳朵少了些许美感。

## 仿古壶

容量：250ml

款识：中国宜兴（底款），陶中（盖款）

壶铭：厚德载物

赏评：书法极好，整体完美而顺畅。好的作品跟你的"神"是可以融合到一起的，意足神会、窝心、刻骨铭心、Masterpiece（杰作），一看就融在心里面了。

## 扁腹圆壶

容量：160ml

款识：汪寅仙（底款），汪（把款），汪、寅仙（盖款）

赏评：该壶泥料非常油亮，在筛选的时候选择了颗粒八十目，很细的泥土。这些泥土从矿层拿回来没有马上做茶壶，而是经过风吹雨打自然风化。经过自然风化的泥大部分杂质已分解，在大自然中氧化消失。紫砂的纯度高，做的壶也容易吸收茶的滋润，稍经润养，很快就可变得光滑。另外，该壶做法大胆，应当是为了喝松散的绿茶而设计的。因为壶口大，容易散热，而壶身扁宽会缩短注水时间，因此这样的壶不容易把绿茶焖熟，出来的茶汤较为鲜爽。另外，的子上面没有通气孔透气，转而做在壶把的上面。

## 友廷掇球壶

容量：180ml

款识：中国宜兴（底款）

赏评：耳朵特别完美，整体圆润，像个吃得很
饱、胖胖的有福之人。的子玲珑，上边做得短一
点点，下边留出空间，极美，而且很好拿。

## 掇子壶

容量：180ml

款识：中国宜兴（底款）

赏评：外型有力，像个能干且为人厚重有度的君子。

## 大亨掇球壶

容量：120ml

款识：壶中日月长、孟臣（底款）

赏评：整只壶比例完美，壶身的大小配合耳朵。壶嘴的饱满度很高，有珠圆玉润的感觉，比例适宜。提把那么小的空间，壶身却很阔，拿起来稳而称心。

## 折肩掇子壶

容量：180ml

款识：松鹤延年（底款）

赏评：梨皮朱泥壶。折肩部分向上的弧度流畅而隽秀。

## 掇子壶

容量：220ml

壶铭：清风

赏评：泥土很细但稍微有点不均匀。壶嘴、的子、耳朵都一丝不苟。线条流畅，整体干净。图案是鸟儿在竹子上高歌，有大自然鸟语花香之美。

## 友廷掇球壶

容量：240ml

款识：中国宜兴（底款）

赏评：该壶泥料好像乌黑发亮的"黑金刚"，也混有类似红豆沙的原矿砂。特别是靠近耳朵和壶嘴的位置，此类原矿砂更明显。因为这两个位置弧度较大，烧制过程中产生的拉力也较大，泥料中的颗粒便会更突显。此掇球壶立体而流畅，耐看。脖子特别做高了一点，盖子也很高。的子圆润，粗幼度与耳朵和壶嘴十分搭配。整体具昂然之气，既玲珑又可爱。

## 啜墨看茶壶

容量：140ml

壶铭：啜墨看茶 、云舟铭

款识：中国宜兴（底款）

赏评：泥土古朴，画工好。壶铭的"啜墨"
是说那些写书法的人写得入迷了，不经意
地啜起墨来；"看茶"则是说选茶来喝。
加在一起比喻一种悠然自得的文人雅士嗜
好状态。

## 井栏壶

容量：140ml

款识：中国宜兴（底款）

赏评：约20世纪80年代作品，耳朵做的有点
清代的味道，很朴拙。

## 半月壶

容量：160ml

款识：中国宜兴（底款）

赏评：这把壶很完美，粗犷、健壮！这种壮如书法中说的有骨力，即有骨
气、有傲气；胸膛是挺起来的，是自信而非大摇大摆。壶给人一种"不肥而
坚，是为永年"的味道，线条融合度极高。

# 老红土水平壶

容量：160ml

款识：张贵明制（底款），张（把款），张、贵明（盖款）

赏评：20世纪80年代的老红土壶。壶嘴和耳朵都不错，的子也玲珑，算是一把好壶。

## 编织大孟臣壶

容量：160ml

款识：范菊芳制（底款）

赏评：民间有很多人爱惜自己的茶壶，专门
找人来编织一层包裹住壶的网罩以增加对茶
壶的保护。既增添了美感，又体现了对茶壶
的重视。

## 双圈紫砂壶

容量：250ml

款识：刘泽云制（底款），刘（把款），刘、泽云（盖款）

赏评：泥料是"文革"前的老紫砂，油润度高。壶身有点小膨胀的缓冲感，耳朵有清代顺方的味道。

## 大茄段壶

容量：300ml

壶铭：香分花上露，水汲石中泉；缶硕刻

款识：中国宜兴（底款）

赏评：约20世纪70年代左右作品。整体茄段造型秀美、大气。梅花画得很美。壶茗"香分花上露，水汲石中泉"是喝茶的名句。

# 柱础壶

容量：200ml

款识：华小其制（底款）

赏评：这把壶约为20世纪70年代作品。线条很美，出水也流畅。因为提把的弧线先提高再弯下来，因此拿起来很顺手，说明制壶工手贴茶人之心。这把壶也是有故事的。那时我刚出道，常去的茶店老板经常用这把壶泡茶，我很想买下来但老板一直不肯卖，一个礼拜去两三趟依旧买不到。后来在其他地方碰到了才买下来。

## 洋筒壶

容量：250ml

款识：王石耕（底款），石耕（盖款）

赏评：泥土很不错，油润生辉，说明养土充分。构图也不错。的子很大，结实好拿。提把修了边且里面是平的，所以手感特别贴心，很符合人体工程学。唯一的问题是耳朵下方凸出来的地方多了两毫米，如果再平一点点会更美。

## 高身朱泥小壶

容量：120ml

款识：清泉石上流山影、柏原（底款）

赏评：该壶应是"文革"前的朱泥作品，仿清代工手柏原的款。提把这样弯下来，很潇洒。做成这样的工手一定程度上都理解人体工程学，跟过好老师，有功底。壶嘴、盖子、提把三位一体，突出了其娇小玲珑。

注释：柏原其人，未见史载。尝见一出土小壶款识为"荆溪邵柏原制"因知其姓邵。观其传器风格，应系清初制器好手。所见传器形制多变，风格敦古朴厚，所刻款文亦多雅致。柏原制器，多见不拘泥于传统古式的形制，常有出人意料的惊喜。

## 高身朱泥小壶

容量：150ml

款识：明月一天凉似水、逸公制（底款）

赏评：现代朱泥小壶。造型像个酒呈，耳朵和壶嘴匹配。做工十分细整，比例好。

## 混砂小壶

容量：180ml

款识：金鼎商标（底款）

赏评：20世纪50年代玉成窑也有类似的作品。缺点在于的子太小，不好提起来。另外耳朵造型不配壶嘴，提壶不适。

注释：金鼎商标，为吴德盛陶器行的品牌商标。吴德盛陶器行由吴汉文于1916年设立，为民初著名品牌。

## 汉云壶

容量：360ml

款识：中国宜兴（底款）

赏评：泥土风化程度不够，因此略显干燥，不够油润。有点像神灯的造型，整体造型不错。实用性与基本功扎实。

## 筋纹朱泥壶

容量：160ml

款识：真自履源（底款）

赏评：壶身的筋纹如肌肉般立体有力，距离感和比例把控非常到位。耳朵顺畅，壶嘴弧度亦配合壶身。的子玲珑。壶底书法颇见功力。

注释：真自履源与荆溪美玉、竞媚清香、华香国宝、德寿富贵、宴席肆设皆为清代乾隆时期左右惯用的款。

## 端把扁灯壶

容量：200ml

款识：中国宜兴（底款）

赏评：该壶工艺精细，线条玲珑细致，圆润度高，壶嘴、耳朵与整体配合得极佳。

## 平盖高身壶

容量：260ml

壶铭：心清可品茶 、乐人

款识：中国宜兴（底款）

赏评：梅花特别潇洒，看似随意几笔，梅花
神韵就出来了，功力使然。大概是"文革"
前的工艺，耳朵也很好。

## 宫灯壶

容量：260ml

壶铭：逸韵、石仲

款识：中国宜兴（底款）

赏评：耳朵与左侧平盖高身壶相比稍显马虎，但壶嘴做得流畅，显出清代三弯流的美姿，也是"文革"前的工艺。葡萄绘画寓意多子多孙。

## 点砂水平壶

容量：160ml

款识：芳润轩（底款）

赏评：这把壶完美，有稳重的美感。说明工手有功底，且有较好的美学修养。耳朵清新，壶嘴微微有一点点弯而不是一直向前，恰到好处。壶盖上面做了个玲珑的小圈，有以前把好的东西进贡给皇帝的鼎元之意。的子上的圆经过了精心修饰，先凸出来再到上边最后到这个圆，很有意思。壶颈处无论细节还是平衡度都处理得相当巧妙。从壶颈微微拱起来的弧度，到壶肩凸出来的圆圈，再到壶盖多处壶颈约一厘米的圆周。可谓相得益彰，优美至极。

## 点砂平底小壶

容量：200ml

款识：荆溪邵制（底款）

赏评：很美的点砂壶。壶嘴、壶盖与的子各方面的弧度都恰到好处。唯耳朵如果能往上拉一点点，然后顺到下面，而不是这样随意地抛出来，会显得更加大气、美观。

## 点砂竹段壶

容量：250ml

款识：中国宜兴（底款）

赏评：这种壶泡得久了，渗出茶油，点砂更突出，便会更美了。民国至"文革"以前，有很多类似题材的报春壶或三友（梅兰竹）壶，但能做到这么精致、工整、完美的比较少。该壶壶嘴娇俏又保留了很丰满的出水口，实用大方。盖子的提盖则做了类似拱桥的竹段造型。耳朵也完美。堪称绝品。

# 点砂冠军壶

容量：240ml

款识：中国宜兴（底款）

赏评：点砂冠军壶，好像拿了冠军后捧杯的感觉。整体造型流畅优美。耳朵自然，从前端的尖部一气呵成，十分雅致。壶嘴处理得也非常好，三弯流，出水畅快，出水空间从容不迫。

## 点砂竹筒壶

容量：260ml

款识：中国宜兴（底款）

赏评：弧度朴拙大方，非常自然。构造上很实用，盖子做了
微微的弧度，这样在泡茶及淋茶壶的过程中，水会自然跑掉
而不会注水于盖面上。对于其他茶壶而言，需要养壶笔来解
决这个问题。

## 窑变宫灯壶

容量：140ml

款识：染香馆（底款）

赏评：造型是仿清代古典的宫灯造型。从窑变的效果看，其含铁量高，放大后可以看到气孔，有"石上开花"之感。虽然看起来很重，但是提起来轻松、舒畅。

注释：支慈庵（1904—1974），名谦，字南村，别号慈宜、染香馆主，近代著名竹刻艺术大师，苏州人。于民国23年拜著名金石书画家赵叔孺、吴湖帆为师。又得沪上收藏家李祖韩慨允，观摩其所藏竹刻精品，更受教益。新中国成立以后，一直在上海工艺美术研究室工作，专攻刻竹。

## 窑变折肩壶

容量：180ml

款识：清香风满枝、孟臣（底款）

赏评：整个壶看起来并不完美，黑点过多。这是因为早期做壶的时候没有用磁铁把铁粉都吸出来；又由于烧的时候火很透，刚好到临界点，铁砂便都跳出来了，因此黑点残留多。放大后还可以看到气孔，有"石上开花"的效果，很珍贵。摸起来颗粒感极强，透气性也特别好，因此不容易把茶焖熟；同时它是薄胎，因此很适宜清香型的茶。这把壶也有部分窑变，铁砂立体感强。书法精彩、有骨力。

注释："清香风满枝"出自唐代许浑《闻薛先辈陪大夫看早梅因寄》中"素艳雪凝树，清香风满枝"。是说微风吹过，梅花清香溢满枝头。

## 窑变君德壶

容量：120ml

款识：湛静斋（底款）

赏评：此壶为柴窑烧制，乍一看是段泥窑变的君德壶，但段泥耐火度不如红泥和黑紫砂，所以达到温度就会窑变。一般稍稍超过温度，短时间便会产生窑裂。所以此壶应不是段泥而是浅颜色的红泥，或介于红泥与段泥之间。烧出来的颜色很可爱，壶内有炼钢铸铁时烧到火红与铁结合的那种金属的颜色。

注释：湛静斋是道光皇帝为其爱妃全贵妃在御园建造的寝宫，同时也是咸丰皇帝的出生地。"湛静斋制"款瓷器故宫收藏有十几件，均为清宫旧藏。除慎德堂款器外，这批湛静斋款器物是规格最高的。"君德"有说原名张君德，清康雍年间紫砂名手，惯以朱泥制壶而名传千古。常见把下竹刀阴刻"君德"二字楷书款识别。《阳羡砂壶图考》记载："常见传器仅铭楷书'君德'二字"。

## 点彩包银水平壶

容量：120ml

款识：中国宜兴（底款）

赏评：20世纪50年代点彩水平壶。耳朵很传统，虽不完美，但考虑到是大批量出口的产物，已经算很不错了。壶嘴包了一圈银，主要是为了泡潮州功夫茶，关公巡城的时候可以保护到壶嘴以免磕破。

## 彩绘莲花壶

容量：240ml

款识：客去舌本茶留香、孟臣制（底款）

赏评：此壶比例甚好，莲花造型很迷人。当年此类壶大部分都是出口泰国。以前很多中国人移民至泰国生活，因其努力，后来很多人都成了老板。他们大多开业经营一个庄口，也就是经营买卖的店，他们从中国订各种用品运去售卖。这里面有很大部分是爱喝茶的潮州人，他们订制了许多茶壶回去卖和用。

注释：底款取自陆游的《晚兴》，"客散茶甘留舌本，睡余诗味在胸中"。是说客人走了以后，本来喝的茶在嘴中留下的香气经久不散，令人心旷神怡。

## 彩绘四方壶

容量：240ml

款识：泰文"拉玛五世"（底款、盖款）

赏评：20世纪50年代彩绘壶，整体造型不错。

# 彩绘四方壶

容量：240ml

款识：泰文款"拉玛五世"（底款、盖款）

赏评：20世纪50年代彩绘壶，工绘皆很细腻。

## 彩绘四方壶

容量：240ml

款识：泰文款"拉玛五世"（底款、盖款）

赏评：20世纪50年代彩绘壶，蝴蝶栩栩如
生，十分细腻。

## 彩绘四方壶

容量：250ml

款识：泰文款"拉玛五世"（底款、盖款）

赏评：20世纪50年代彩绘壶。彩绘寿桃非常玲珑，朱泥质感表现得淋漓尽致。

# 彩绘思亭小壶

容量：30ml

款识：思亭（把款）

赏评："文革"前思亭小品。泥土不太好，但做工精细。的子上也有花纹，显得细致。这种装饰是先用笔点彩再点蓝釉。

注释：陆思亭，清初陶人，生卒年不详。闽南俗语有："一无名、二思亭、三孟臣、四逸公"。后人因其所制作的梨形壶个性十足，犹如少女亭亭玉立而不失端庄、稳重，俊秀而不失典雅。因而，以思亭壶来代指高身梨形壶。

## 彩绘龙印君德小壶

容量：60ml

款识：君德龙印（底款）

赏评：龙印君德小品。与前者相似，泥土不太好，但的子上的花纹细致。

## 阳羡四方壶

容量：180ml

壶铭：饮者寿，乐未央；长官子孙大吉祥、己巳年

款识：周惠君（底款），伟君（盖款）

赏评：壶上面绿色的标志"Made in China"是当时宜兴一厂出口用的标志。书法很不错。

注释：壶铭都是很吉祥的话。乐未央取自"长乐未央"，是说欢乐不尽，为汉代常用的吉祥语。当时的瓦当上多饰有"长乐未央"的文字阳纹。汉初以"长乐""未央"为宫殿名。

## 阳羡四方壶

容量：200ml

壶铭：江南城西酒楼红，三山半落青天外。无数杨柳迎春风，二水中分白鹭洲。唐李白诗、丁卯年秋月

款识：丁亚平制（底款），亚平（盖款）

赏评：20世纪80年代左右的壶。书法很好，流畅有力；过墙梅画功苍劲。此种造型曾风靡台湾。

注释：壶铭来自唐代李白《登金陵凤凰台》的"三山半落青天外，二水中分白鹭洲"和清代余怀《孙楚酒楼》的"江南城西酒楼红，无数杨柳迎春风"。还把两首诗的句子混到了一起成了一首诗，显出茶香诗雅壶真趣。

# 四方井壶

容量：220ml

款识：施小马制（底款），小马（把款），"小马图"（盖款）

赏评：四方井壶，井上面有个盖子，做得很用心。如果耳朵能再高半厘米，拿起来会更舒适。

162                                                                                          第二章 壶·赏

# 四方壶

容量：260ml

壶铭：日作宝殷，子子孙孙永享；小石刻

赏评："文革"后很流行这个壶型及"子子孙孙永享"的壶铭。的子是羊角的形状，有三阳开泰的意味，寓意吉祥。整体造型还不错，但线条密封度不够。

注释："日作宝殷，子子孙孙永享"取自西周成王盠簋器底铭文"人身俘戈兵作宝尊，彝子子孙其永宝用"。古人素将"立德、立功、立言"称为三不朽，而三不朽的实质是"名之不朽"。而此铭文正是此意，也是当时最高的精神追求。

## 四方壶

容量：220ml

壶铭：碧液温馨、戊辰年夏月、石泉铭

款识：施小马制（底款），小马（把款），小马（盖款）

赏评：这把壶首先泥土细腻，行书精彩，梅饰也很好。整体弧度相映成趣，有种膨胀感，方中带圆。的子上小下大配合整把壶的造型，非常贴心。盖子上从一个平面向上凹进去，而上面也是一个平面，利用凹的地方拉成四条线，显出凹凸有致的美态。的子也是，一点点拱起来，很有立体感。从上到下一共十一条线，由长至短，层层递进，极富张力。壶嘴与壶身相连处下方得宽度近五厘米，在其向上收紧的过程中，在很短的距离里收成了不足一厘米的壶嘴，做到这样的收缩率相当困难，而这把壶做得一点拘束感都没有。壶嘴与壶身相连处有一条清晰的"抛物线"，用这根线条来烘托壶嘴，这是一种绝对的美！而这种美又是很含蓄的，要很细心才能体会。耳朵提起来的时候也很舒服而窝心。

注释："碧液"当指茶汤。古谓茶熟香温，此言不虚。

## 雪华壶

容量：180ml

款识：艳春制陶（底款），许（把款）

赏评：提把做得很巧妙。整把壶身上有六个
六边形，而每个都做得又细又玲珑。上面的
图案是传统的古龙，制作难度高。壶底也有
做六边形，非常细致。

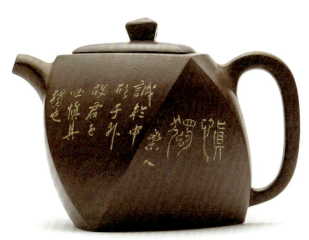

## 六方菱形壶

容量：250ml

壶铭：诚于中，形于外，故君子必慎其独
也；慎独乐人

款识：中国宜兴（底款）

赏评：六方菱形，很少见。耳朵别有洞天，
里面是平的，拿起来特别舒畅。

注释：壶铭语出《礼记·大学》："此谓诚
于中，形于外，故君子必慎其独也。"慎独
是儒家的一个重要概念，讲究个人道德水平
的修养，看重个人品行的操守，是个人风范
的最高境界。

## 窑变水平壶

容量：180ml

款识：中国宜兴（底款），2（盖款）

赏评：菊花生动，立体感强；蝴蝶的翅膀非常优美。老铁砂，砂质颗粒很细，适合"Vip冲泡法"，浓香韵足。

## 佛手窑变壶

容量：180ml

款识：中国宜兴（底款），5（盖款）

赏评：古铜色的壶身看起来有古典的金属质感，这种程度的窑变美如今很少见到。整体造型古朴，佛手、蝴蝶和花的浮雕效果非常立体。

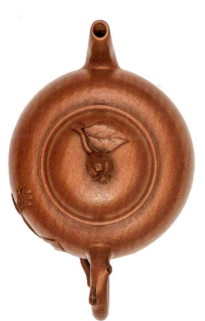

## 高汤婆壶

容量：180ml

款识：中国宜兴（底款）

赏评：朱泥壶。佛手瓜的造型很美。耳朵向上提，符合人体工程学，与人体配合度高，使用便利。壶盖并非传统样式，而是凸出来一点，更具美感。壶嘴不是直的，而是有趴着的感觉，微微地弯起，尤显韵味。

## 红菱子壶

容量：150ml

赏评：泥土中有个名堂叫年糕土，因为其颜色好像过年时吃的年糕。一般有深咖啡和猪肝红两种。壶嘴做得巧妙。的子也很神气，像孔夫子戴的帽子。脖子下面做了一圈乳钉，给平凡的线条增加了底气。这把壶的不足在于提把，向右的抛物线太远，导致拿起来有虚脱感。唯独这点，说明工手没有想到壶与用壶人手的配合。

## 云肩如意三足鼎壶

容量：180ml

款识：中国宜兴（底款）

赏评：整把壶挺拔有力，粗细均匀。用如意纹将耳朵和壶嘴包起来，非常美。的子上面的如意纹工整细腻，脖子和盖子上也有很细腻的万寿纹。如此复杂的线条处理非常到位。

## 天凤壶

容量：200ml

款识：中国宜兴（底款）

赏评：约20世纪80年代左右的天凤壶。泥土润泽，茶油都爆出来了。耳朵是半身的，工手很有水平。

## 梅竹双清壶

容量：280ml

款识：道洪制壶（底款），何（把款），

何、道洪（盖款）

赏评：梨皮朱泥壶。此壶难得之处在于泥料厚重感十足。线条粗壮浑厚。壶上有梅与竹的元素，这在红泥、黑泥与紫泥中较常见，在朱泥中则少有，应为以前留下来的。款是何道洪，但应当是仿作。梅花的纹理很不错；竹节凹凸有致，清秀且灵活有劲。再以尖尖的竹叶配之，相得益彰，显功力。

# 素竹报春壶

容量：280ml

壶铭：何如玉川翁，松风煮秋水；友石刻

款识：中国宜兴（底款）

赏评："文革"后的壶。外表很红润，里面却不一样。因为当时对泥土有了更高的要求，里面本来很粗糙，工手就把那种较红润的泥磨成浆，做好壶后涂在外面，再用笔点白釉写书法上去。耳朵很规矩，书法也相当不错。壶铭很有意境，清风、秋水有一丝凉意。爱茶人带着茶具到山上有石头的平台休息，茶童去取泉水，来煮茶喝。

注释："玉川翁"指卢仝，其《七碗茶歌》有"七碗吃不得也，惟觉两腋习习清风生。蓬莱山，在何处，玉川子乘此清风欲归去。""松风"化自曼生壶铭"松风煮茗，竹雨谈诗"。

### 素竹报春壶

容量：300ml

壶铭：花间暖酒烧红叶，石上题诗扫绿苔；石生氏

款识：中国宜兴（底款）

赏评："文革"前的壶。壶铭很有文化底蕴。壶内材质是白瓷，可以保温，不容易散发热量。盖边包金纯度很高，唯耳朵拉起来稍有虚脱感，没有考虑到使用者的感受。

注释：壶铭化自白居易《送王十八归山寄题仙游寺》"林间暖酒烧红叶，石上题诗扫绿苔"。

## 窑变竹段壶

容量：300ml

壶铭：乜盨和香吸碧霞（一碗和香吸碧霞）

款识：宜兴蜀山陶业生产合作社出品（底款）

赏评：这种竹段造型在花货中较为常见，但窑变的相对少见。可惜书法一般。

注释：壶铭取自元耶律楚材《西域从王君玉乞茶因其韵七首》之"红炉石鼎烹团月，一碗和香吸碧霞"。碧霞是茶的美誉，就好像天上才有的东西，令人无限向往！1955年10月，蜀山、前墅一带紫砂行业实现合作，组建"宜兴蜀山陶业生产合作社"。半年后该社生产中高档出口茶壶，即在出口茶壶上开始使用"宜兴蜀山陶业生产合作社出品"印款。

## 竹鼎壶

容量：420ml

壶铭：味清如许，南林氏；吉羊宜用；敲宝用羊瘭

款识：恺长（底款）

赏评：该壶应为"文革"前仿"恺长"款作品。"吉羊宜用"取意吉祥。民国有很多这种竹形壶。该壶壶身虽大，但壶嘴和耳朵却不大，这样的造型并未破坏整体的比例。书法没有刻意写好，较随意，但是颇有功力。

注释：南林氏，除清乾隆时期名工王南林外，还是清末民初陶刻家韩泰之字号。民国初年，韩泰被赵松亭聘为技师，专门从事紫砂陶刻。他发挥碑刻的特点，把金文、篆文、钟鼓文及青铜器上的纹饰巧妙地运用在陶刻上，使他的陶刻作品古色古香、风格独特，深受客户的喜爱。"敲宝用羊瘭"应改编自西周成王瘭簋之铭文"唯王九月丁亥王客，于阑王令遣截。东反夷瘭肇从遣，征攻登无敌省于。人身俘戈兵作宝尊，彝子子孙其永宝用"。

## 丰衣足食壶

容量：160ml

款识：中国宜兴（底款）

赏评：此壶大概是"文革"前后的月壶。竹子与蝙蝠有"丰
衣足食"的寓意。整体造型比较女性化。耳朵做得尖尖的，
大胆而俏美，做出了先往上一点点再顺下来的韵味。壶盖上
方是羊的造型，寓意着吉祥、三阳开泰。整个壶较大但是拿
起来很轻松。提把上两根竹枝自然伸展，感觉也很不错。

## 倒把束腰葫芦壶

容量：220ml

款识：杨丽萍制（底款），杨、丽萍（盖款）

赏评：葫芦造型的倒把束腰壶，有点如意的味道。壶嘴做了个松树干的造型很有野趣。清水泥泥料油亮。"杨丽萍"款，如果将它送给孔雀公主杨丽萍就完美了。

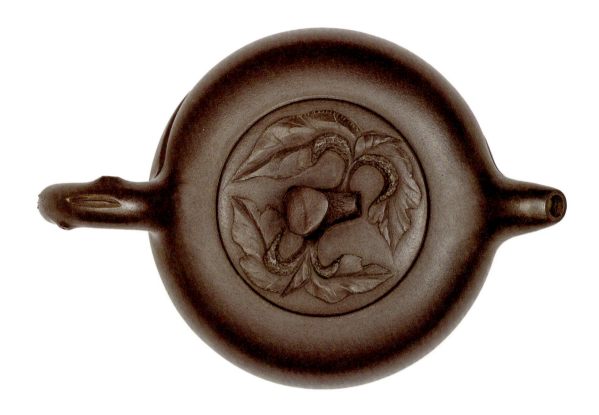

## 小桃形壶

容量：150 ml

款识：中国宜兴（底款）

赏评：整体是寿桃的造型，寓意年年益寿。
提把相较壶口，稍微凸起来一点。又为了与
壶嘴保持平衡所以不能拉得太高，但制壶人
将其凸出来以方便提起，显其匠心。

## 小桃形壶

容量：120ml

款识：中国宜兴（底款）

赏评：20世纪80年代原矿本山绿泥混合了段泥的黄色砂粒。
叶片十分玲珑。耳朵突破传统三点平，格外醒目。

# 梅桩壶

容量：180ml

壶铭：如石可改玉，是木擎天柱

款识：中国宜兴

赏评：整把壶造型好，立体感超强。把手做了两个，美感大有提升，也更突出了力度，更具立体感。如果不置书法，转而放松树一层一层破皮的样子那就更精彩了。

## 松梅情

容量：240ml

款识：裴石铭（底款），石民（盖款）

赏评：应为仿"裴石民"款，但整体构图粗犷、老练，有历史感。老松树造型很美，表现得有张力。拿起来顺手，感觉很好。唯把手有棱角硌手，做壶的时候在舒适度上考虑不够周到。

# 圣柏壶

容量：320ml

款识：汪寅仙（底款），汪、寅仙（盖款）

赏评：该壶虽应是仿"汪寅仙"款的，但是造型和泥料都非常棒。泥土是很好的养过的土，而且从各个角度看都均匀、美妙。提把也有设计，好拿，用握的方法提起来很省力。做工紧密度高且细致，整体来说也算是种超越。

# 灵芝供春壶

容量：350ml

款识：供春（底款）

赏评：这把壶应当是"文革"以前的壶。虽并非传统的表面树瘿纹路的供春壶，但颗粒感还是很不错。的子是灵芝的造型，整体比例协调。因为是薄胎，提起来也轻松。但这类型的朱泥比较难烧成。

注释：供春壶是明代正德、嘉靖年间供春所作的壶。传说他姓龚，名春。陪同主人在宜兴金沙寺读书时，偷偷地学寺中的一位老和尚做壶。后来他用沉淀在缸底的陶泥，仿照金沙寺旁大银杏树树瘤的形状做了一把壶，并刻上树瘿上的花纹。烧成之后，这把壶非常古朴可爱，所以后来被称为供春壶。

## 睡翁壶

容量：200ml

款识：范秀峰（底款），秀峰（把款）

赏评：泥土油润，是20世纪80年代以前的泥土。造型像个老人累了躺下来休息，也好像喝了好茶以后慢慢睡着了，有种随遇而安的感觉。老人很陶醉，做工很美。造型上没有受到壶盖必须放中间的局限，巧妙地放到了一旁。

# 三足炮嘴筋纹壶

容量：200ml

款识：平桃作别烟、贡夫（底款）

赏评：很有霸气的朱泥壶，三足底加上炮嘴气势十足。龙代表天子，有问鼎中原的气魄。脖子很细，其上有回纹；耳朵也优美，甚显制壶者功底。

筋纹壶

容量：180ml

款识：方浩（盖款）

赏评：紫砂泥质表面颗粒均匀，光润度好，光洁
度也高，油润生辉。壶底很有立体感，有特色。

## 筋纹小壶

容量：200ml

款识：红华制陶（底款），潘、红华（盖款）

赏评：泥土、工艺还有整体比例都很好，耳朵做得非常美。

## 段泥茄段壶

容量：250ml

款识：中国宜兴（底款）

赏评："文革"前的老段泥茄子壶。造型流畅，看起来朴素不做作。耳朵和壶嘴的比例很好，而且的子的钩子刚好方便如实拎起。

## 南瓜壶

容量：200ml

款识：王勤仙制（底款），王、勤仙（盖款）

赏评：该壶泥料选用油润的清水泥，接口部分处理得都很细腻。壶嘴很完美，叶片凸起来而不是扁的，立体感强。荷叶将壶嘴微微卷起来，有一点弯，活灵活现，有种含苞待放的味道。

# 南瓜壶

容量：280ml

款识：汪寅仙（底款），汪、寅仙（盖款）

赏评：精彩的好壶！造型、工艺、手感、泥土（清水泥）都很完美。荷叶卷起了壶嘴，叶片的工艺栩栩如生，逼真度极高。这荷叶有残荷老化的味道，惟妙惟肖。耳朵拿起来轻松顺手给人托住的感觉，舒适度高，令人爱不释手。当它注了水就好像一个知己与你喃喃细语。其实越简单的东西越难做，因为没有什么可掩盖的，必须一心一意做到均匀，少一点都不行。还有，只有关注到了壶提起在手上的感觉的工手才是好的工手。很多人只关注壶身的美感，而忽略了将感情通过壶传递到我们手上。

## 莲花托菊壶

容量：200ml

款识：潘祖英制（底款）

赏评：筋纹壶。用放大镜可以看到该壶原矿砂中的原始风貌，非常迷人。的子与壶盖上的花纹以及壶身的筋纹很好地配合了莲花托菊的造型。底部亦有优美的海棠形图饰。

## 方菊壶

容量：180ml

款识：叶形"香"印（底款）

赏评：约20世纪80年代后期的朱泥壶。线条清晰，菊纹搭配好，壶嘴的圆润度和玲珑度都很用心。

## 菱花嘴菊瓣壶

容量：240ml

赏评：这把壶大小比例匀称，泥土佳。整体修饰得有章法，用起来轻松。此壶的盖子和壶身并非一路到底，而是在盖子上多加了几颗"珍珠"，很有趣味。壶嘴作菱花嘴，用心。但是细看，壶的线条不够细腻，弧度、均匀度也欠佳。同时耳朵太宽了，的子也有点歪。

## 年糕土菊瓣壶

容量： 160ml

赏评：泥料是咖啡色的年糕土。年糕土有两种，一种是红的，好像红糖做的年糕；另一种是类似这种咖啡色，好像黑糖做的年糕。泥土经过20世纪80年代之前的养土，非常细腻，各方面都不错。只是盖子对得不够均匀，耳朵美感亦稍有欠缺。

## 半菊壶

容量：160ml

赏评：的子漂亮，工艺到位。菱花嘴做得很美，壶底花纹十分细腻。只是耳朵抛出显得有点随意，菊纹的处理细腻度不够。

## 筋纹菱花壶

容量：420ml

款识：景舟手制（底款），景舟（盖款）

赏评：该壶虽为仿"顾景舟款"，但是泥土好，工艺出色，里外配合。耳朵也神气饱满。那么大的壶，手拿起来，自然轻松。这种壶型极难做，但该壶做得一丝不苟，每个口都很吻合，每条筋纹的线条都凸出来，饱满且工艺复杂。下边还有莲花作底。

## 薄胎朱泥壶

容量：150ml

款识：墨缘斋景堂制（底款）

赏评：民国薄胎朱泥壶。猪肝红，如果是清代的此种泥土会更粉一些。耳朵自然优美，很好拿。

注释："墨缘斋"，为顾景舟就读于蜀山东坡书院时书斋的题名。"墨缘斋制""墨缘斋景堂制"等为顾景舟早期初制水平壶用印款。因家境困窘，生活所逼，顾景舟祖母说服顾炳荣，在 1932 年初带顾景舟学制水平茶壶。数月后，顾景舟学成后自制水平茶壶，即在壶底使用"墨缘斋制"印款。接着又在壶底使用"墨缘斋景堂制"印款，并在壶把或壶盖上使用"景记"印款。

## 仿皱皮龙蛋壶

容量：260ml

款识：饮之延年更益寿、俊公（底款）

赏评：民国后仿早期皱皮朱泥。造型如同一
个喝不醉的不老翁。

## 仿皱皮梨形壶

容量：240ml

款识：一片冰心在玉壶、柏原（底款）

赏评：民国后仿清代早期皱皮朱泥壶，款识也是仿的，但比例完美，的子、壶嘴之弯流，壶耳大小、形制皆绝配。

注释：款识出自唐代王昌龄《芙蓉楼送辛渐》中的"洛阳亲友如相问，一片冰心在玉壶"。指人品德的美好。柏原其人，未见史载。尝见一出土小壶款识为"荆溪邵柏原制"因知其姓邵。观其传器风格，应系清初制器好手。所见传器形制多变，风格敦古朴厚，所刻款文亦多雅致。柏原制器，多见不拘泥于传统古式的形制，常有出人意料的惊喜。

## 玉罂壶

容量：240ml

款识：荆易弋式（底款）

赏评：少见的白泥壶。此壶温度刚刚到达临界点，壶底已经起了一个气泡，再不停火，就要烧裂了。的子特好，先收一收再下来，饱满圆润。耳朵线条也好，壶嘴则微微膨胀，有一点弧度再翘起来，而不是直直的炮嘴。线条密封完美，下面的饱满度也不错。

注释：宜兴傍临荆溪，故古称荆邑。秦始皇统一天下后，以其位荆溪之北始改名阳羡。此壶底印"荆易"，当谓荆溪阳羡。据《金石索》："易，古币文，平阳安阳之阳，借易为阳也。"所谓"荆易弋式"是以强调此壶为宜兴出品的名壶。

# 点砂水平壶

容量：180ml

款识：福记龙印（底款），潘（把款）

赏评：泥土油润，明针细腻做得很光滑。点砂好像满天星。壶嘴微微发胖再收起来，十分贴合弧度。耳朵比例非常棒，提起壶时手感贴心。

注释：福记为清晚期程寿福所创商号，以经营紫砂器为主。其所聘的陶工皆艺巧技精，尤以朱泥小品著称，品相保存良好且存世量稀少，深得藏家赏识。创始人程寿福（1853—1926），祖籍浙江杭州，效法惠孟臣，为当时制作朱泥壶的高手。

## 窑变仿古壶

容量：300ml

款识：龙山曹公（底款），曹公（盖款）

赏评：窑变仿古壶。该壶整体饱满，从壶嘴到的子再到提把都很厚重。而窑变的深啡黑色和红色对比起来错落有致，这种差异也是窑变的典型特征。当时的人很可能感觉窑变就是烧过火了，不好，后人却慢慢追捧起来。

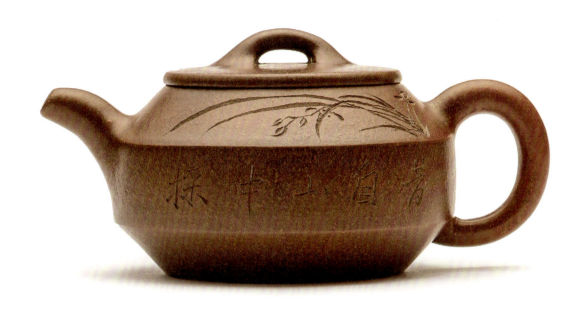

## 汉君壶

容量：320ml

壶铭：昔自山中採，今滋竹里煎；岩如

款识：锡山俞制（底款），国良（盖款）

赏评：耳朵完美，弧度可人。壶嘴处理得也不错，从底部开始，占上下各一半的空间，有种各据半壁江山的感觉。盖子的厚度处理也精彩，许多石瓢壶都选用类似的盖子，异常丰满。壶上绘画兰梅各一：兰花潇洒，呼之欲出，把整个空间都烘托得丰富起来；梅花也十分娇俏。

注释：俞国良，清末民初锡山人。曾为吴大澂造壶，制作精而气格浑成。

## 刻经茶艺套组

容量：180ml

壶铭：般若波罗蜜多心经

款识：陈鼎和造（底款）

赏评：泥土油润，出油的，俗称爆浆。的子
规矩。壶嘴是按清代朱泥壶三弯流的做法，
很粗，和提把的比例有些不协调。

注释：陈鼎和陶器厂，由陈元明兄弟二人于
民初开办。陈鼎和所产高档精品由陈元明亲
自签款或钤"陈鼎和造"方印、圆印。

# 彩绘朱泥壶

容量：200ml

款识：陈觐侯制（底款）

赏评：应为仿"陈觐侯"款。整体造型还不错，寿桃寓意长寿吉祥。但壶嘴有点畏缩的感觉，能推前一点就更好了。耳朵造型美，但不是很好拿，容易失掉重心，如果能提高一点就更贴心了。

注释：陈觐侯（1702—1765），清乾隆时宜兴紫砂名工，生卒年不详，荆溪人。所制古器极精雅，其传世器物中壶少而古器多。工治壶，亦擅作碗、盘等器皿。所制作品精细工整，造型优美。

## 彩绘窑变壶

容量：150ml

款识：龙印（底款），亭（把款）

赏评：民国窑变壶，点彩很美。这种"龙印款"清末民初多。整把壶看起来比较扁，但其盖子大，适合冲泡蓬松的白茶或绿茶。好看又实用。

注释：龙印款以清光绪年间古钱币上龙的图案为模本镌刻。后来清末民初赵松亭创立了艺古斋摹仿古式，也曾使用过龙印款。其广揽知名陶人，制作朱泥小壶、独钮洋筒壶出口东南亚，尤受泰国人士欢迎。

## 彩绘扁腹壶

容量：340ml

款识：福记龙印（底款）

赏评：通过釉色的对比，应当是民国中期的作品。这个紫砂的胎土干而无油润感。

# 描金水平壶

容量：120ml

款识：葛明昌造（底款）

赏评：很少见的描金水平壶，描金做得细致、到位。图案是狮子在喜庆的日子里抛绣球，寓意吉祥。

注释：葛明昌，民国时期紫砂名家，具体生卒年不详。善制紫砂器，尤善制盆。

# 描金鱼跃龙门壶

容量：450ml

款识：花月正春风、到连（底款）

赏评：虽然金水纯度不够，但不失为一把不错的老壶。首先，拿起来贴心且壶身大气，特别适合人多的时候使用。另外花纹也规矩，荷花、莲花、莲塘、鲤鱼共同描绘了一幅"鲤鱼跃龙门"的画作，同时还有偷天换日的感觉。

注释："花月正春风"出自李煜《望江南》之"还似旧时游上苑，车如流水马如龙，花月正春风"。是说正值百花烂漫的春天，还吹着融融的春风。

# 彩绘包金友廷掇球壶

容量：180ml

款识：荆溪惠孟臣制（底款）

赏评：这把掇球壶两弯流，耳朵饱满，好像个活泼的皮球。的子也够大，很好提起来。该壶花纹看似不对称，原因在于，紫砂的外表先用釉水彩绘了一层，后来在长达几十年的使用过程中壶底的边缘出现了小裂缝，于是用纯金水在裂缝处绘制了一个圈来弥补。为了统一、美观，将壶身原有的部分纹饰也涂了金，才有了现在这样不对称的美感。

## 彩绘德钟壶

容量：180ml

款识：康熙御制（底款）

赏评：仿清代宫廷的壶。"阿弥陀佛纹"寓意吉祥。整体画工难得，花纹凸出来，精美玲珑。构图很有创意，工艺漂亮，是用纯金的金水绘上去的。

## 黑漆筋纹彩绘壶

容量：420ml

款识：康熙御制（底款）

赏评：仿清代宫廷的壶。紫砂壶内里较为粗
糙，不油亮，纯度不高，线条也不够均匀，
因此只是表面模仿。虽是粗仿，但还是有一
定的年份，约为民国时期。此壶耳朵做得优
雅，拿起来比较称心。纹路有祥云、菊花、
寿桃报喜、蝙蝠（五福临门）、鲤鱼跃龙门
以及皇帝用的水波纹（以前黄袍上有类似的
纹路），寓意福寿双齐，很吉祥。

# 黑漆描金大壶

容量：680ml

款识：大清乾隆年制（底款）

赏评：应该是民国左右的描金大壶。手工比较随意，壶内里的紫砂质地很均匀。

## 彩绘大壶

容量：300ml

壶铭：新芽麦颗吐柔枝，水驿无劳贡骑驰。记得湖西龙井
谷，筠筐老幼采忙时；石奇

款识：僧澹斋制（底款）

赏评：壶内的紫砂并不光润，属于次一等的紫砂，有不一致
的杂质，也就是说当时没有认真地炼土与筛选。这把壶外面
的釉色是用来遮丑的，如意图画得也很随意，属于好一点的
民间用品，不算是有水平的东西。

注释：壶铭的诗是乾隆皇帝追忆龙井茶的诗，名为《雨前
茶》。僧澹斋的出处，典籍中从未加以考证说明，此款识的
作品，却多有收录，多见为各种釉面精彩的紫砂壶具。

## 彩绘汉方壶

容量：400ml

款识：康熙御制

赏评：的子很高，四个角下来有弧度地收平再拉直线，造型优美。手感极佳，拿起来很轻松，符合人体工程学。纹路有蝙蝠、鼠，还有金钱，寓意福鼠吊金钱，希望大家都能又有福气又赚到钱。植物栩栩如生，油彩到位。四面绘有八仙报喜图，画工非常好。以前大人物尤其是真命天子过生日时，八仙都会来贺寿，此图便暗含此意。

# 砖方壶

容量：280ml

壶铭：延年益寿

款识：茶熟香温（底款），申锡（盖款）

赏评：民国早期多出这么大的壶。段泥干净，泥土醇美。拿起来手感很好，非常稳。

注释：申锡，道咸间人，字子贻。笃志壶艺，善雕刻，善用白泥。精者捏造，巧不可阶。若寻常之品，每用模制，赏鉴家自能辨也。若清代阳羡壶艺能蔚为名家者，当推其为后劲，后此则有广陵绝响之叹矣。

## 高身四方壶

容量：280ml

款识：方曾山制（底款）

赏评：泥料是民国的紫砂。造型比较少见。提把的舒适度很高，握起来有贴心的感觉。壶盖贴近处三线很巧妙。

注释：方曾山为清顺治至雍正年间人。所制壶古朴浑成，监制不俗，以光货居多，所传世壶器罕少。

## 汲直壶

容量：260ml

款识：吉壶（底款）

赏评：耳朵大气，由上往下的弧度很美。纹
饰是两个仙童与麒麟，有麒麟送子的寓意，
十分吉祥。"吉壶款"也有吉利的意思。

## 却月壶

容量：200ml

壶铭：臂月团，宜左右，不求备，长
相守，此延年，彼益寿；延年

赏评：民国的月壶。耳朵沿着壶身的
弧度恰当，大小呼应得也不错。书法
也很到位。唯泥土似没有经过风化，
表面有点干燥。

# 古钺壶

容量：200ml

壶铭：春来事上皆如意，笑看梅花余一壶；道光庚寅初夏、研耘

款识：杨彭年造（底款），洪新（盖款）

赏评：民国后仿"杨彭年"款。这把壶也称月梅壶，很古朴。以隶书来构造出一个花边，好似万寿文，只是书法略差。

注释：钺的外形为一长柄斧头，重量更重于斧。早在新石器时代良渚文化遗址中，已发现玉制的钺，在当时具有神圣的象征作用。杨彭年，嘉庆间人。乾隆时制壶多用模具造，分段合之，其法简易，大彬手捏遗法已少传人。彭年曾制砂壶始复捏造之法，虽随意制成，自有天然风致。嘉庆间陈曼生作宰宜兴，属为制壶，并画十八壶式与之。彭年兼善刻竹，刻锡亦佳。

## 梅桩壶

容量：180ml

款识：金鼎商标（底款），桂林（盖款）

赏评：泥土好，做工也很细。壶嘴有清代那种胖胖的"一捻"的水平，干净利落，不拖泥带水。整体优美，树干有骨力。耳朵也不错，如果上面拉高半厘米，下面下调半厘米，弧度的感觉就更好了，舒适度和气场也会增加。

注释：金鼎商标，为吴德盛陶器行的品牌商标。吴德盛陶器行由吴汉文于1916年设立，为民初著名品牌。冯桂林，民国时期宜兴紫砂名工。技术全面，善制各款砂壶，花货、光货皆能。造型准确，做工细致，运线匀挺，整体自然。

## 双色上合梅壶

容量：180ml

款识：金鼎商标（底款），桂林（盖款）

赏评：壶嘴饱满，耳朵到位，从各个角度看都十分自然。耳朵以松树结造型，拿起来舒服不刺手。

## 松树葡萄壶

容量：500ml

款识：朱可心（底款），可心（盖款）

赏评：温润可人的老紫泥壶。以前经常用茶
水淋壶，由于水中矿物质含量比较高，氧化
后花纹上像是罩上了一层白霜。

## 柿扁壶

容量：260ml

壶铭：何如玉川翁，松风煮秋水；泉石

款识：金鼎商标（底款），桂林（盖款）

赏评：砂的质地与明针都做得很细腻，因此看起来细嫩，在绿泥中比较少见。菱花嘴也突显了作者的用心。松树钮手感窝心，有感情。耳朵提起来时感觉也很稳。

# 半菊壶

容量：320ml

款识：王寅春（底款），寅春（盖款）

赏评：菊花造型，看起来别致，盖子的花瓣饱满有力。表面做过明针，因此细密度突出。耳朵稍微小了一点，如果能多半厘米，下方再往下拉一点就更完美了。

## 梅花周盘壶

容量：150ml

款识：裴石民（底款），石民（盖款）

赏评：老段泥梅花周盘壶，颗粒均匀。使用时间很短便出油到这个程度，非常美。

注释：裴石民，宜兴蜀山人，紫砂七老艺人之一。早年习艺，艺成后善制仿古紫砂器，颇负盛名。善制水丞、杯盘、炉鼎等器，造型典雅别致，具有青铜器敦厚稳重之特点，尤以仿真果品最佳。有"陈鸣远第二"之美誉。成熟期间精品之作，以中小件为主。以古器作借鉴，以超凡的构思，能放能收、简繁匀称；既能作典雅脱俗的光素茗壶，又能作千姿百态之花货茶具。风格清秀不俗，技艺精湛严谨。在紫砂艺苑中独树一帜，求新求变、求精求妙，精而少、少而妙，为紫砂历史上不可多得的能工巧匠之一。

# 四方菊瓣壶

容量：200ml

款识：清德堂制（底款）

赏评：原矿段泥，泥料油润，砂感强。

注释：关于清德堂，《阳羡砂壶图考》载："牧仲曾游宜兴东坡书院，前有石坊，题曰'东坡先生买田处'，牧仲中丞手笔也。"并曰："砂壶传器，有'清德堂'篆印者，想必为宋荦游宜时所定制。以牧仲名高，故后世彷其堂号制壶者甚夥。"宋荦为清初著名文物鉴赏家，字牧仲，号漫堂，又号津山人，晚号西陂老人。河南商丘人。以荫仕官至吏部尚书。博学嗜古，工诗词古文，与王士祯齐名。善水墨兰竹，超妙工致。精鉴赏，收藏名迹甚富，爱好壶艺。

## 四方菊瓣壶

容量：180ml

款识：清德堂制（底款）

赏评：菊花花瓣造型方中角位往下修圆，很漂亮。壶嘴也很翘，整体比例非常协调。方中有筋纹，且筋纹细腻饱满，整体呈现出了方中带圆的极致美感。

# 筋纹高瓢壶

容量：180ml

款识：松鹤轩（底款）

赏评：民初朱泥，泥土很好，已经出油且爆浆。壶体线条优美，壶嘴娇俏。耳朵再适当加高就既神气十足，又更为实用。

注释：顾景舟曾指出"松鹤轩"款紫砂壶为民国时期作品。松鹤轩是上海一个铺子的名称。刻字人叫若水，号叫姚寿铨。

## 大菊瓣壶

容量：350 ml

款识：子厚（沿盖墙边）

赏评：该壶整体造型相当不错，特别是耳朵按清代的做法，不是直接抛出来。这把壶也没有因为壶身体型大就把耳朵拉大，耳朵相对纤细，给茶壶平添了雅趣。很多菊瓣壶的壶盖都做得很马虎，而这把壶壶盖的明针做得特别细，线条也玲珑。稍有遗憾的是的子做得有些粗糙，其底部凹进去的位置不够，提起来手感不畅。

注释：《阳羡砂壶图考》云："葛子厚，嘉庆间人，缪颂游宜兴，子厚为造壶。" 缪颂，乾隆、嘉庆间人，江苏吴县人，字石林，号石林散人、痴颂。为王玖弟子。其诗画放纵超脱，受时人推崇。

## 明末小壶

容量：120ml

赏评：明末的小壶，珍贵且原始，我想后来的潘壶便是从中改良而来。耳朵做得很随意，但是当时对此也没有特别的要求，故此可以理解。用它来泡老观音如泰斗功夫茶、仙猴、醉贵妃等，有特别的滋味。

## 明末小壶

容量：120ml

赏评：明末的紫砂壶。泥料很纯，但工艺不是很精细。因为在那个紫砂壶刚刚萌芽的时期，工手们还鲜有过多的追求，只是为了做把可以用来喝茶的壶。该壶造型很古朴，壶盖和壶身里都是直接用泥巴接成的，连刮都没有刮；耳朵做得也比较随意。

## 清代朱泥炮嘴筒壶

容量：100ml

赏评：小洋筒的造型形态厚重而朴实。粗坯朱泥中砂粒遍布，呈现出了早期原矿壶的味道。

## 朱泥小壶

容量：140ml

款识：明月一天凉似水、孟臣制（底款）

赏评：此壶整体饱满，制壶工整。耳朵很美，有"顺方"的感觉，方中带圆。的子饱满好拿，壶底的书法也很好。整体比例协调，细节处理得很干净，工艺比较成熟且符合人体工程学设计。

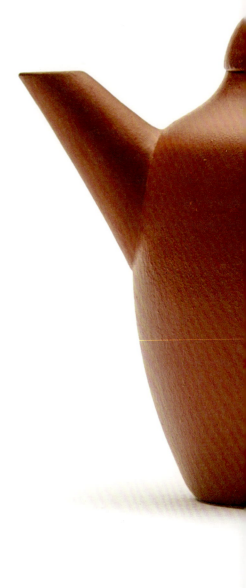

## 高身朱泥小壶

**容量：** 130ml

**款识：** 一片冰心在玉壶、孟臣制（底款）

**赏评：** 清代朱泥小品。盖内墙很长，因为以前的人觉得泡茶时，需要用较长的盖墙将膨胀的茶叶压下去，特意做成这样。壶体娇小玲珑，的子美丽、神气，耳朵则魁梧而大气。

**注释：** 款识出自唐代王昌龄《芙蓉楼送辛渐》中的"洛阳亲友如相问，一片冰心在玉壶"，指人品德的美好。

# 高身朱泥壶

容量：180ml

款识：苍园（底款）

赏评：光泽度饱满，是那种爆浆出来的油亮。形制优美，壶小而气大。

## 平底朱泥壶

容量：120ml

款识：大清乾隆年制（底款）

赏评：清代平底朱泥壶，泥土粉粉的，泡一个月左右就会出油了，而且这种朱泥壶泡什么茶都适宜。

## 清代炮嘴窑变壶

容量：120ml

款识：清德堂制（底款）

赏评：老段泥窑变壶。铁砂都融在壶身上面，放大后可以看到气孔，有"石上开花"的感觉。耳朵稍欠线条修饰。

# 墨绿泥大壶

容量：680ml

款识：王南林制（底款）

赏评：似巨轮珠的造型。很少能见到这样的泥土结构，用放大镜细看可以看到 "石上开花" 的存在。壶嘴特别美，唯独耳朵流畅程度的处理稍欠火候。

注释：王南林，乾隆时人，所制浇釉宜壶，每绘粉彩花鸟。净身浇釉宜壶本创于明，唯粉彩花鸟盛于乾隆朝。

## 清水堂紫砂壶

容量：300ml

款识：清水堂（底款）

赏评：耳朵处理得很不错，壶嘴潇洒、短小干练，盖与的子也很玲珑。只是壶嘴和壶身相接处的修饰略有不足。

注释：堂号似有"清水出芙蓉"之意。

## 粗砂老壶

容量：180ml

款识：明月一天凉似水、孟臣制（底款）

赏评：清末的原矿粗砂老壶。砂质粗犷，有厚重感。这种壶泡老茶特别有滋味，可以将其蕴含的力度发挥出来。做工很美，的子玲珑，耳朵亦极具美感。

注释：惠孟臣，明天启至崇祯间人。江苏宜兴人。所制壶大者浑朴，小者精妙，大彬后一名手也。其壶，朱紫者多，白泥者少，小壶多，中壶少，大壶最罕。书法绝类褚遂良，然细考传器，行楷书法不一，竹刀钢刀并用，要不离唐贤风格。仿制者虽精，书法究不逮也。

## 朱泥小龙蛋壶

容量：180ml

款识：夔石（把款）

赏评：清代朱泥小龙蛋壶，泥土油润生辉，
造型敦厚。虽然耳朵选用倒把造型，但其也
是先微微向上再慢慢顺下来，不失娇俏。

## 清代龙蛋壶

**容量：** 160ml

**款识：** 潘（沿盖墙边）

**赏评：** 清代龙蛋壶，表面看上去是段泥壶，但用放大镜放大观看时可以看到段泥和原矿红豆砂粒结合的外像，别具韵味。

**注释：** 据《阳羡砂壶图考》记载，潘仕成，字德畲，为清道光年间广东番禺人。先世以盐贾起家，累官至两广盐运使。由于潘氏家传素嗜饮茶，便在宜兴订制专属紫砂壶，一则自用，一则往还馈赠。潘氏订制的紫砂壶形制固定，且惯于将印款落于盖沿边上，壶底及他处反而不落款。所用印款均为阳文篆字"潘"印。由于潘氏声名远播，世人乃将此一形制紫砂壶称为"潘壶"。尚有扁潘、高潘、中潘之分。

# 龙蛋壶

容量：260ml

款识：方曾三制（底款）

赏评：在这把壶的原矿砂中可以看到一些深红色、黄色的紫砂颗粒，看似粗但一上手却像婴儿皮肤般柔顺。倒把龙蛋的造型十分流畅，粗幼比例很好，的子收坯也收得干净利落。

注释：方曾三，清顺治至雍正年间人。所制壶古朴浑成，顿雅绝妙，坚致不俗。以光货居多，所传壶器罕少。

## 段泥描金泥绘大壶

容量：550ml

款识：玉麟（底款）

赏评：原矿泥料，官帽朴拙。耳朵处理得很好，收得到位，只是如此完美的弧度配上了炮筒嘴，稍显瑕疵；若配上传统的三弯流，就更显高雅了。画工非常细腻，无论是孤舟蓑笠翁，还是八字南行的大雁，都表现得很好。此壶应为民国仿清代壶。

注释：黄玉麟（1842—1914），宜兴蜀山人。其制壶技艺较为全面，方圆皆擅，以供春、鱼化龙等壶式为代表。从传世作品中发现其作品选泥考究，调配精湛，所制壶流最能显出其个人风格。玉麟观吴大澂收藏之商周彝鼎与古器物，艺事大进，声名益高，深得吴大澂的重视，并手镌印章赠之。晚年，每制一壶必精心构思，积日月而成。

# 清代朱泥大壶

容量：320ml

款识：峨眉山月半轮秋、俊公（底款）

赏评：清代大壶。本壶有个故事。香港有位茶友"谭师兄"在挑紫砂壶方面很有心得，从我手上买走了十几把很好的朱泥壶。他看上了此壶后主动出高价想买走，但我不想卖。后来他一周来了三次让我很感动，便想出了一个让彼此共享此壶的办法，那就是他买下壶，但是壶依旧放在我的私人博物馆中，他想用了便可来博物馆用，直到有一天我不在人世了他才可以取走。

注释："峨眉山月半轮秋"取自唐代李白的《峨眉山月歌》"峨眉山月半轮秋，影入平羌江水流"。以"秋"字形容月色之美，信手拈来地点出秋高气爽、月色透明。月只"半轮"，使人联想到青山吐月的优美意境。

## 高身卤形壶

容量：500ml

款识：乾隆年制、叶子印（底款），叶子印（把款）

赏评：少见的清代胭脂红朱泥壶。这把壶最大的特点是当你向其注入热水后静置片刻再倒掉时，壶中会飘出一股原始矿砂的香气，不是泥土那种闷闷的味道而是纯矿物质的砂香。就好像高山上的石头长期被太阳晒后掉落下来时的那种雅石香，十分少见与珍贵。

## 乳瓯壶

容量：100ml

壶铭：破烦、丁己张人

赏评：民初的段泥小壶。很多段泥壶都会有发黑的现象，这是窑温不足所致，敲击的时候也没有出现清脆的金属声音而是钝钝的泥土声音。此壶书法不错，是懂书法的人写出来的。

注释："破烦"令人想到卢仝的《七碗茶诗》（一碗喉吻润，两碗破孤闷。三碗搜枯肠，唯有文字五千卷。四碗发轻汗，平生不平事，尽向毛孔散。五碗肌骨清，六碗通仙灵。七碗吃不得也，唯觉两腋习习清风生。）中的"两碗破孤闷"。

## 五福临门壶

容量：140ml

壶铭：大清戊子年造

赏评：清代段泥壶，至宝，已经用得有点发黑了。耳朵好像倒把西施，顺着壶身弧度倒过来，很好拿，有种把手指都抓紧了的感觉。壶上绘有四只蝙蝠，比例很美，再加上壶自身葫芦的造型也是一"福"（也可说拥有即是福），便是五福临门了。民国初期亦有此类仿制品。

# 紫泥小壶

容量：100ml

款识：陈文叙制（底款）

赏评：泥绘画面立体，的子也很美。只是耳朵配合壶身的舒适度欠佳。如果能把耳朵提高一点，然后拉近一点顺弯下来，就更大气了。

注释：陈文叙是清代乾隆年间进士，江苏宜兴人。曾在荆溪做县官，博学嗜古，工诗善文。尤好紫砂壶，能自撰壶铭，以怡情友朋。陈文叙的壶艺作品是偶尔为之，当时就制作不多，流传后世的则更为罕见。

## 紫泥泥绘小壶

容量：110ml

款识：陈文叙制（底款）

赏评：立体感很好，耳朵和的子都做得到位。泥绘好像老黄金的颜色。

## 小潘壶

容量：120ml

款识：潘（沿盖墙边）

赏评：潘壶素有扁潘、高潘、中潘之别。这
把小潘壶非常适合一个人使用。我有另一把
相同造型的清代潘壶经过长期泡养，非常油
润、可爱。

# 潘壶

容量：120ml

款识：潘（沿盖墙边）

赏评：虽然和左侧小潘壶都是一个人订制的，但是工艺不太相同。小潘壶工艺偏稳重，而这把壶看起来像个精神抖擞、有力量的人。

# 清代紫泥壶

容量：200ml
赏评：整体感觉不够周正，不平。另外，耳朵和
壶底显得不够协调，像在互相抢镜头。

## 秋水壶

容量：150ml

款识：八月湖水平、孟臣（底款）

赏评：清代朱泥壶，秋水造型。盖内写着"水平"二字，可见清代已有此写法了。书法很不错，孟臣壶一般来说也多是水平造型。

注释：据说盖内有"水平"字样，最早的为道光十三年。至于秋水壶的来历，有种猜想是应与"八月湖水平"有关。因为早在日本的奥玄宝的《茗壶图录》一书中，便有云：逍遥公子流直錾环，盖的应之，底着雕"八月湖水平 孟臣"之七字。泥色纯朱而光润如流，容止端雅，有悠然自得之意。

## 莲子壶

容量：160ml

款识：匿怨而用暗箭，祸延子孙；孟臣制（底款）；志△（盖款）

赏评：清末朱泥壶。制壶工艺较清中期进步了许多。做工细腻，几乎看不到砂粒；八十目细滑如婴儿皮肤，光滑度极高；明针修饰得也很认真。耳朵很美，先停一停再顺下来。整把壶圆润、精工。壶底有少许摩擦痕，以前应当经常使用。

注释："匿怨而用暗箭，祸延子孙。"取自朱子治家格言，是说怀恨在心而暗箭伤人，后代也会有果报。古德教我们不要去怨恨他人更不要报复别人，要学会宽恕，以厚德待人。

## 清代朱泥小壶

容量：150ml

款识：秋水长天一色、徐恒茂（底款）

赏评：壶很小但是耳朵做得有力度。壶嘴和耳朵配合起来有个喇叭形，玲珑，没有拘束感，非常饱满、流畅。的子很大，盖子饱满，配上下面短的直筒壶底，风姿美态。

注释："秋水长天一色" 语出唐代王勃的《滕王阁序》："落霞与孤鹜齐飞，秋水共长天一色。"秋水与长天共同构筑了一幅宁静致远的画面。徐恒茂，生平未见史载。据传器推断，应系清代中期制壶良工，善制朱泥壶。其作品多于壶底配以诗句，竹刀落款。

## 仲芳壶

容量：150ml

款识：风流三接令公香、孟臣制（底款）

赏评：书法极美，很有文人之风，可见其中的力度与灵活性。壶形是仲芳壶。盖子非常优美，似将军戴的帽子，又似庙宇之钟鼎。书法极美，很有文人之风，可以看到其中的力度与灵活性。

注释："风流三接令公香"取自李颀的《寄綦毋三》："顾昐一过丞相府，风流三接令公香。"形容高雅的香气和美好的风姿。"令公香"的典故来自东晋习凿齿《襄阳记》所载："荀令君至人家，坐处三日香。"指荀彧于别人府上作客时，身上的薰香或香囊会令其坐处散发香气，达三日之久。李仲芳，明万历时人，李茂林之子，排行老大。及大彬门，为高足第一。制度渐趋文巧，其父督以敦古。后入金坛，卒以文巧相竞。今世所传大彬壶，亦有仲芳作之，大彬鉴赏而自属款识者，时人语曰："李大瓶、时大名"。

## 高身折肩大壶

容量：250ml

款识：邵元祥制（底款）

赏评：该壶泥料像芋头的颜色。整体造型好像一个稳重的人。壶嘴从肩膀一半的地方上来，精神抖擞。而提把与壶身相接处则与壶身肩部的线条相融合，再往下顺滑下来，也呼应了壶嘴的厚度，工整流畅。

注释：邵元祥，清代乾隆时期（1736—1795）宜兴制壶艺人。生卒年不详。民国李景康、张虹所著《阳羡砂壶图考》云："元祥制壶坚结，式度近亨裕、亨祥，而精细不怠。"

## 梨形壶

容量：150ml

款识：共试雨前、春惠逸公、逸公（底款）

赏评：清代陪葬品。盖子并没有刻意修饰，朴拙。书法马马虎虎。

注释：惠逸公，清代乾隆时人。逸公制壶形式大小与诸色泥质俱备，工巧一类，可与孟臣相伯仲，故世称"二惠"。其壶泥色最奇，小壶亦有佳者，莫若手造大壶之古朴可爱也。孟臣制品浑朴精巧俱备，逸公则长于工巧，而浑朴不逮。故终稍逊尔。逸公书法无定体，楷行草书俱备，楷书尤有唐人遗意，而竹刀钢刀俱备，刻镌或飞舞或沉着，非嘉乾后辈所逮也。

## 扁梨形壶

容量：180ml

款识：君德（底款）

赏评：君德壶。闽南有"一无名，二思亭，三孟臣，四逸公"的说法，但君德也是当时的大家之一。早期闽南很多爱好喝茶的人都会追求这样的壶。壶嘴有"一捻"的感觉，从而突出了力度。

注释："君德"即张君德，清康雍年间紫砂名手，惯以朱泥制壶而名传千古。常见把下竹刀阴刻"君德"二字楷书款识别。《阳羡砂壶图考》记载："常见传器仅铭楷书'君德'二字。"

## 梨形壶

容量：150ml

款识：洞庭秋水晚来波、圣和（底款）

赏评：耳朵是一开始先拉高一点，再平着过去，整体秀美。壶盖内有把唇口捻上去，然后再用泥抹一圈的痕迹。书法很不错。

注释：圣和，据传为邵姓，乾隆时期制壶好手。"洞庭秋水晚来波"出自唐朝诗人贾至的作品《初至巴陵与李十二白裴九同泛洞庭湖三首·其二》"枫岸纷纷落叶多，洞庭秋水晚来波"，是说澄澈的洞庭湖面，荡漾着粼粼碧波。

## 包银梨形壶

容量：120ml

款识：平生一片心、谦六（底款）

赏评：清代很好的朱泥壶。当时有钱人都很爱惜自己的壶，会封上那些易碎的边缘以防打破。有钱的会用金，一般的用银，但是这种情况还较少见。

注释：谦六者，经黄振辉先生考得姓邱，为道光至同治间人。与宜兴紫砂壶有瀚墨因缘的文人胡公寿（1823—1886）、王韬等均吸食鸦片，邱谦六是鸦片的供货商。因此机缘，邱谦六得以向宜兴陶工订制茗壶，亦在情理中。"平生一片心"语出唐代孟浩然《送朱大》"分手脱相赠，平生一片心"。分开之时，以此代表我的一份情谊。寥寥数语，感情深长。

# 梨形壶

容量：120ml

款识：松下清风，花中明月；时；大彬（底款）

赏评：清中朱泥小壶。壶内底部是用手一点点捻上去的，可以看到痕迹，这也是历史的标记。耳朵和壶嘴粗幼相配得当。底款书法朴素，整体朴拙。

注释：时大彬，字少山，明万历间人。时朋之子。师事供春，最初喜做大壶，敦朴妍雅。后闻陈眉公品茶试茶之论，改做小壶。人称"千奇万状信手出，巧夺坡诗百态新"，世称"时壶""大彬壶"。所传弟子甚众，皆知名于世。

# 梨形壶

容量：120ml

款识：月明林下美人来、恒茂制（底款）

赏评：清中期小梨形壶。壶嘴属于小的三弯流，即中间有一点点胖，上下都是一点点收紧弯起来的，出水十分流畅。耳朵微微向上，十分符合人体工程学的设计，拿起来省力。这种梨形壶在清代时朱泥的比较多，而这种黑紫砂的就很少见了。

注释：徐恒茂，生平未见史载。依传器推断，应系清代中期制壶良工，善制朱泥壶。其作品多于壶底配以诗句，竹刀落款。

# 朱泥小圆壶

容量：150ml

款识：乾隆年制（底款），文九（盖款）

赏评：清中期朱泥小品。壶内底部有手指捏制的痕迹。整把壶的外形显出早期制壶技术未成标准，工具不配套，壶的圆周都是歪歪的。

## 折肩朱泥壶

容量：120ml

款识：千古茗香，只此可人；孟臣（底款）

赏评：壶身向下收，如同一位娇俏的美女。
壶底书法清秀可人。

## 仲芳壶

容量：140ml

款识：一片冰心，月下甘泉；孟臣（底款）

赏评：清末朱泥壶，泥土油润生辉，泡茶多了，便自然"熟化"，显得滋润可爱。整把壶做工一丝不苟，壶嘴出水位俏美，的子似顶上明珠，而耳朵更是很配合整把壶的饱满度。

注释："一片冰心，月下甘泉"是常见的孟臣壶壶铭。

## 大彬古式紫泥壶

容量：250ml

壶铭：山空河水见，一片白云生；大彬古式

赏评：壶嘴呈三弯流，是清代发挥最好的那
种壶嘴的造型。耳朵也很流畅。此壶应为民
国时期仿品。

# 粗梨皮朱泥小壶

容量：120ml

款识：清泉石上流、逸公（底款）

赏评：外表虽似粗梨皮，整壶却这般娇俏可人，难能可贵。整体很有力度，耳朵和壶嘴非常完美，是清代标志性的绝活。壶内接坯处理也可以看出原始的清代制壶工艺。提把放在肩膀上面再顺下来，丝毫没有拘束感。

注释："清泉石上流"语出唐代王维的《山居秋暝》"明月松间照，清泉石上流"。

## 清代紫泥壶

容量：200ml

款识：吴元龙制（底款）

赏评：该壶整体大气，一提起来就很有分量。肩膀处理得刚好，有种美人肩婀娜多姿的味道。

## 蛋包提梁壶

容量：120ml

款识：龙印（底款）

赏评：从壶身的油润度可以看出是以前常用的壶。该蛋包提梁壶的特点在于其壶身配了一个"拧麻花"造型的金属提梁，落落大方，很有大户人家的感觉。清末民初有很多这种类型的斗形壶。

## 提梁大圆壶

容量：500ml

款识：宜兴张顺兴天青紫砂（底款）

赏评："天青"二字当时应该有特殊的意味，否则不会用到这两个字，毕竟该壶与天青泥似无关联。

# 镂空提梁壶

容量：240ml

款识：鸣远（底款）

赏评：清末的朱泥壶。虽是"鸣远"款，但应该是仿款，因为书法缺少功力。壶嘴和镂空的的子以及提梁都做得很有味道，敲击起来有金属的音调。这种朱泥壶颜色称为玫瑰红，只需拿来泡一两个月的茶，就能很快变得特别油润。

注释：陈远，清康熙、雍正间人。字鸣远，号鹤峰，又号石霞山人，壶隐。工制壶、杯、瓶、盒，手法在徐友泉、沈子澈之间，而所制款识，书法稳健，有晋唐风格。作品名扬中外，当时有"海外竞求鸣远碟"之说，推动了紫砂陶艺的发展。

## 双圈大亨提梁壶

容量：660ml

款识：荆溪、贡局（盖款）

赏评：清末民初的大亨提梁壶，非常罕有。它的出水孔是两孔，这样可以将里面的茶叶隔断，防止堵塞。壶嘴胖胖的有"一捻"的那种感觉，这也是清代壶的特征之一。的子是双环，很好拿。壶身线条直，圆润顺美。

注释："贡局"是清末外销泰国的宜兴紫砂壶上常见款识。晚清外销泰国的壶式基本为光素简洁造型，然而做工精巧、比例得当，大多数出自当时优秀紫砂艺人制作，是宜陶又一珍品。受闽、潮功夫茶的影响，朱泥小壶在新加坡、马来西亚、泰国盛行。

## 三足梨形壶

容量：100ml

款识：八月湖水平、孟臣（底款）

赏评：以前的三足朱泥很珍贵，据说在清末才出现。相传当
时潮汕人嗜茶如命，一早就要喝茶。除了宜兴，潮州当地也
用朱泥（但没有朱砂）来做壶，为了区分便用南北罐来表
达，南指潮州壶，北指宜兴壶。有些讲究的人派人去宜兴找
师傅做三足的朱泥壶带回潮州用。"孟臣款"，目前还没有
人能确定哪把壶是明清时期真正的惠孟臣所做，大多数"孟
臣款"均为托款之作，只能通过泥土等大致断代。

注释："八月湖水平"出自孟浩然的《临洞庭湖赠张丞相》
"八月湖水平，涵虚混太清"，是描写洞庭湖水壮丽的景
象，即八月洞庭湖湖水暴涨几乎与岸平。

## 三足水平壶

容量：180ml

款识：玉井生香、惠孟臣制（底款）

赏评：此壶为清代老紫砂，并非朱泥，壶底刚刚贴到桌面，中间只容得一根头发通过。二十多年前，有个即将移民加拿大的茶友来学茶，一不小心把这把壶给摔了。幸运的是提把上下都没断，只是中间掉了下来，上下各留了半厘米。于是我花了几千元钱找人打了四条千足金，把它重新补好。可一泡茶却非常烫，因为金会导热，所以又亲自编制了耳朵上的蜻蜓结。

注释："玉井生香"是常见的孟臣壶壶铭。

## 包金三足紫泥壶

容量：180ml

赏评：包金的纯度很高。这是为了保护壶身易碰撞的部位。由于潮州功夫茶讲究关公巡城，所以壶嘴也专门做了保护。只是耳朵稍有不顺，如果能将耳朵推进去三分之一再顺下来，对整体距离的把控就更完美了。

## 红釉小壶

容量：180ml

款识：邵元亨制（底款）

赏评：壶内的紫砂材质粗糙，又黑又灰，但是温度烧得很足，这样的壶泡茶逼真、干净。该壶应该是当时烧出来的颜色不好，因此上了一层釉把它盖住，这反而成了它的特点。还有一个可能是北方的冬天很冷，使用紫砂壶温度下降很快，茶汤不好喝，因此涂一层釉来保温。

注释：邵元亨，清代早期制壶名家，善于制作朱泥小壶，色泽红艳，敦厚淳朴，深受爱用功夫茶的闽粤人士的青睐。他所制砂壶华丽细腻，特别为官宦人家喜爱。

## 彩绘井栏壶

容量：300ml

款识：友兰秘制（底款），友兰（盖款）

赏评：整把壶非常可爱，颜色古朴。耳朵与壶身相配，弧度流畅显功夫，壶嘴也是在一点点向上的变化中突出了美感。的子造型特别，像天坛，也像藏传佛教中塔的造型。万寿如意花纹配合含苞待放的玉兰花朵，加上四面祥瑞之兽的庇佑，突出了福禄寿喜的意味。

注释：邵友兰，清道光年间人，是当时的制壶名家之一，也是当代紫砂大师顾景舟先生祖母的前辈人。邵友兰善做仿古器型，尤以"配泥精致，质坚如玉为一绝"。

# 彩绘描金大壶

容量：450ml

款识：大清宫廷监造（底款）

赏评：清末大壶。整把壶雍容华贵，开窗的山水构图非常精致，留白的空间已经产生了自然老化的壁裂，说明有一定的年份了。整体的花纹纹饰极具古典美。壶内的紫砂泥土本来不够细腻，后来一点点补救成了现在这样的状态，也是用心良苦出现的特殊效果。

## 六方瓜菱思亭壶

容量：120ml

赏评：六方菱形，很巧妙。应为清末民初的作品，后来的仿作很多，因为这个造型太美了。耳朵拿起来称心，很舒服。

注释：陆思亭，清初陶人，生卒年不详。闽南俗语有："一无名、二思亭、三孟臣、四逸公"。后人因其所制作的梨形壶个性十足，犹如少女亭亭玉立而不失端庄、稳重，俊秀而不失典雅，因而，以思亭壶来代指高身梨形壶。

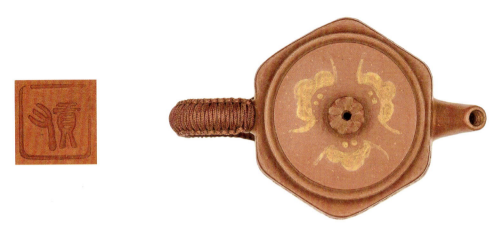

## 泥绘六方洋筒

容量：180ml

款识：贡又（底款）

赏评：此壶为清末民初泥绘六方洋筒老朱泥壶，壶体很大气。这么小的壶，耳朵从上到下，一气呵成自然流畅，玲珑又好拿。从多年用壶的经验看，但凡做得好的壶，耳朵一定也配套做得贴顺精彩。的子做得也好，花纹很美。壶嘴虽短但微微上翘的弧度优雅大方。泥绘是用老段泥磨成浆，再用毛笔一点点绘上去的。

注释：未有"贡又"的记载，但根据造型与时间来看，应当与出口的"贡局"有关。贡局是清末外销泰国的宜兴紫砂壶上常见款识。晚清外销泰国的壶式基本为光素简洁造型，然而做工精巧、比例得当，大多数出自当时优秀的紫砂艺人制作，是宜陶又一珍品。受闽、潮功夫茶的影响，朱泥小壶在新加坡、马来西亚、泰国盛行。

# 红泥小汉方壶

容量：80ml

款识：荆溪自省（底款），叶子印（把款）

赏评：红泥小汉方壶，扁方，约为清末民初作品。但是民国初期较少做这么小的壶，所以可以推至清末。

注释：荆溪自省，清三代汉方壶常用底款。"荆溪"乃地名；"自省"出自《论语·里仁》"见贤思齐焉，见不贤而内自省也"，即通过自我意识来省察自己言行的过程，是孔子提出的一种自我道德修养的方法。此款乃取文人雅士须在品德性情上自我警醒之意。

## 红泥小汉方壶

容量：180ml

款识：丁未仲冬、惠逸公制（底款）

赏评：老红泥小汉方壶。应为清代出土壶，泥土都已经渗透到里面了。的子呈四方半侧的井形，下来的弧线好像唐代城门的保护柱，韵味古典。耳朵也很精彩，顺下来的线条配合的子的造型。书法亦精彩。

# 红泥四方壶

容量：200ml

款识：邵瑞元制（底款）

赏评：红泥壶，从手工的粗糙感能推到清末民初。提壶手感舒畅。这种壶泡的时间久了，渗出茶油后，壶身之点砂会更突出，也更具美感。

注释：邵瑞元，生卒年不详，大约活动于乾隆年间。善制紫砂壶，有印其名款的紫砂壶存世。

## 印文汉钟壶

容量：300ml

壶铭：畸人乘真，手把芙蓉，泛彼浩劫，窅然空纵

款识：宜兴紫砂名壶（底款），金记（盖款）

赏评：一把很美的汉钟壶，应该能推到清末民初。缺点是耳朵的手感不好，用三根手指穿过去拿的时候会顶到，有空间不够的感觉。如果把耳朵上面的线条减小四分之一，再整体拉高半厘米，手感就会好很多。

注释：壶铭出自唐代司空图《二十四诗品》，描写了畸人（即真人）手持莲花，乘天地之真气，超度人世种种劫难，升入缥缈的仙境。体现了一种高古的精神境界。

# 六方空中楼阁壶

容量：340ml

款识：邵元亨制（底款）

赏评：壶钮小麒麟做得精细，后腿颇有力度，麒麟的毛发细节到位，贴在脖子上显得立体。被万寿纹、如意纹装饰的六幅镂空的空中楼阁画细致入微。该壶提起来手感舒服，如果耳朵下面再拉长一厘米左右，整体就更完美了。

注释：邵元亨，清代早期制壶名家，善于制作朱泥小壶，色泽红艳，敦厚淳朴，深受爱用功夫茶的闽粤人士的青睐。他所制砂壶华丽细腻，特别为官宦家庭喜爱。

## 四方鼓腹壶

容量：180ml
赏评：泥土是清代的胭脂红。胎土粉粉的，这种泥料一泡茶很快就会爆浆出来。耳朵非常美，做工巧妙，与壶嘴形成优美的绝配。

# 四方隐角壶

**容量：** 250ml

**款识：** 陈子畦（底款）

**赏评：** 约二十五年前在台湾收购的清代方壶，当时在壶商那里一眼就看上了，感觉其精气神在方壶中算是不可多得的。砂是原矿的，耳朵很美且平衡上盖（虚线美）。虽然耳朵是摔过再黏上去的，但是在日常的光线下不容易看出来。从壶盖到壶身，每个四方的四个角都做了细致入微的处理，朴素大方。

**注释：** 陈子畦，明朝天启至清康熙间人，善仿徐友泉，为时所珍，或云即陈鸣远之父。作品多紫泥，胎薄而工颇精。楷书有晋唐风格。

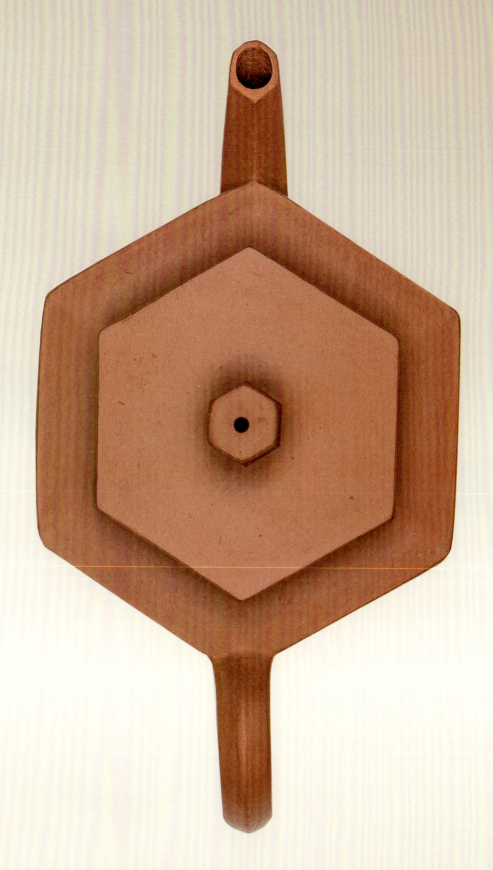

## 朱泥六方壶

容量：100ml

款识：牕悬夜雨残灯在、恒茂制（底款）

赏评：几何结构非常美。的子、盖子、壶身都是六方的，壶嘴也是六方的，连接的线条非常流畅，拿起来也很舒适。

注释："牕"通"窗"，款识语出唐代李建勋的《中春写怀寄沈彬员外》："窗悬夜雨残灯在，庭掩春风落絮深。"徐恒茂，生平未见史载，传器推断，应系清代中期制壶良工，善制朱泥壶。其作品多于壶底配以诗句，竹刀落款。

# 绘彩印包壶

容量：300ml

款识：壶痴（底款）

赏评：约为民国初期的印包。点彩细节较随意，不是很细致，但古韵犹存。

注释：壶痴是清中期能工巧匠，所作以印包壶为主，独树一帜，颇具代表性。

## 彩绘大彬六方壶

容量：350ml

款识：大彬（底款）

赏评：此壶应为民国仿品。 这把壶泥料采用的是最原始的原矿紫砂，如今这种原矿壶很少了。六方的脖子上做了一圈点彩，上边又做了一个圈，也非常少见。六方做得玲珑而有力度，只是耳朵做得不够大气，稍微短了一点，实用性也稍差。因为加了水后会很重，三根手指又穿不过去，如果耳朵能再长一点五厘米就好了。此壶点彩颜色是那种粉粉的蓝色，很优美。

## 水仙瓣筋纹壶

容量：200ml

款识：片亚斋（底款）

赏评：明末清初朱泥壶。筋纹凸出来显得很有力度。壶嘴微微昂起，优雅，好像一个人很有文采，但从不轻易表露出来，只是稍微展现一些风采，不夸张，很风雅。

## 提梁菱花狮钮壶

容量：120ml

赏评：此壶提梁左右应稍微放宽，其他则完美无瑕，特别是嘴形娇俏入胜。一般来说壶越小越难做，因为很难在有限的空间均匀地表现出想要的美感。此朱泥壶声音清脆，说明烧成温度足够。烧制紫砂壶时平均温度在1100℃左右，耐烧的泥质可以顶得住1250℃。但是一般不会烧至那么高温度，因为很可能会变形，那就前功尽弃了。此壶是陪葬品。每当下雨天，雨水带着泥土一点点渗入棺木也慢慢地进入壶内，因此壶内有泥土残留的痕迹。

## 菱花狮钮壶

容量：80ml

款识：江记孟臣（底款），水平（盖款）

赏评：虽然壶身小，但泥土油润，工艺从容不迫，线条细腻玲珑。特别是狮钮很可爱，有种壶钮上的小狮子在保护该壶的感觉。

注释：据盖内"水平"字样，推测此壶最早为道光十三年。

## 菱花狮钮壶

容量：180ml

款识：祥林监制（底款），雪琴（盖款）

赏评：民国的狮钮壶。很润的红土，但没达到朱泥的级别。无多余修饰，很干净。耳朵做得也很合理，那么小的壶耳朵能拉得靠下，优美也实用。

注释：雪琴，倪祥林字号，为清末民初著名紫砂艺人俞国良弟子邵宝琴的丈夫。其深得俞国良真传，所做之器，皆属精工佳器。

## 菱花狮钮壶

容量：140ml

壶铭：永和；饮和；立信出品

款识：祥林监制（底款），雪琴（盖款）

赏评：民国狮钮小壶。狮子的毛发披肩，比起菱花狮钮壶更加立体、自然、认真。狮子的神态很好。纹饰有古画和青铜器中常用的古铜钱，以及立体的"永和"二字。

注释："饮和"意使人感觉到自在，享受和乐。语本《庄子·则阳》："故或不言而饮人以和。"宜兴立信陶器行由许立生创立。许立生，字开元，宜兴川埠潜洛人。细货老板，专门经营高档茶具；陶器店设在宜兴城中，规模较大。喜爱茶壶，且喜收藏茶壶。

## 菱花狮钮壶

容量：180ml

款识：宜兴庞华庵制（底款），案卿（盖款）

赏评：民国的青灰泥狮钮壶。泥土是最原始的原矿砂，砂粒很重，当时的人筛选后没有认真提炼（阴土）就拿来做壶了，因此看起来稍显干燥。

注释：江祖臣，字案卿（1886—1953），宜兴大浦洋渚人，为清末民初著名陶人。制壶技艺朴素，工艺精简，惜传器不多。其作品以薄胎供春茶具为胜，大中小三种不同规格的狮球壶为最。所做狮球壶于1915年美国太平洋万国拿马博览会上获奖，号称民国狮球壶制作第一人。

## 现代赏瓶

容量：160ml

壶铭：喜色满园关不住

赏评：该瓶砂质干燥，没有怎么经过养土，但工艺精细、优美。画面是小孩子过年时玩耍的样子，很有味道。玲珑纤细，可观赏，亦可作插花之用。

注释："喜色满园关不住"取自宋代叶绍翁的《游园不值》中的"春色满园关不住，一枝红杏出墙来"。又与小孩子过年玩耍的喜气相结合。

## 金鼎赏瓶

容量：140ml

壶铭：晋元康七年月丁丑茅山里施传所作；时纪丙子仲夏；跂陶镌

款识：金鼎商标（底款）

赏评：民初金鼎公司定制。金鼎所制精品极多，段泥与啄沙地形成强烈的对比。

注释：此瓶应为跂陶摹刻"茅山里施传"残砖之作。在清陆心源《千甓亭砖录》中著录一方砖砚："晋元康七年八月丁丑，茅山里施博所作。"其背有张廷济之铭："茅山里砖型不一，百陶楼藏有横画"；光绪壬午，震泽金俯将曾赠一砖，仅有"茅山施传"四字，予凿砚铭曰：砖出茅山。因此作者应为施传。跂陶乃吴汉文的号。吴汉文是民国宜兴著名陶器行吴德盛陶器行的老板。其人早期做壶，后刻字，再做老板。金鼎商标，为吴德盛陶器行的品牌商标。吴德盛陶器行由吴汉文于1916年设立，为民初著名品牌。

## 暖酒瓶

容量：480ml

赏评：很古旧的用来温酒或温茶
的器具。以前用炉熏来保温，所
以外部被严重烟熏，有民间生活
的痕迹，而这正是它的意义。相
传方壶基本都是由四片泥片接
成，这个壶里面就可以看到接合
的痕迹。

## 茶罐

容量：500ml

壶铭：蔡同德堂；地址上海河南路抛球场；电话九七二九四；洞天长春膏

款识：宜兴汪祥兴造（底款）

赏评：罐身的字发黄，比右侧的茶罐年份要久。盖子扣得没有右侧茶罐紧实，但是摸起来感觉更软更柔和更细密。其实在鉴定古董的时候，手感也是一个很重要的标准。

注释：汪宝根(1902—1954)，号旭齐，著名紫砂艺人，宜兴蜀山人。1934年，汪宝根的堂叔汪祥兴在宜兴创办"汪祥兴陶厂"，汪宝根为技术总辅导。蔡同德堂创始于清光绪八年（1882），是国内开业最早、规模最大的中华中药老字号商店。以自产虎骨木瓜酒和洞天长春膏见长，风靡海内外。

## 茶罐

容量：500ml

壶铭：蔡同德堂；地址上海河南路抛球场；电话九七二九四；洞天长春膏

款识：宜兴汪祥兴造（底款）

赏评：泥土比左侧的茶罐好一些，颗粒也更细，是很传统淳朴的紫砂。这类罐子以前在药房很常用，上面写有电话，在"文革"前，有一部电话很了不得，一般政府机关才有，而药房跟政府机关来往较多，显出特权。

# 六方狮子罐

款识：杨彭年造（底款）

赏评：整体玲珑，花纹清晰。这种紫砂的砂胎原本足够好，也有一定的年份，但还是被人拿来做旧，弄得乌黑的当古董卖。这种做法"文革"后很多。

注释：杨彭年，嘉庆间人。乾隆时制壶多用模具造，分段合之，其法简易，大彬手捏遗法已少传人。彭年曾制砂壶始复捏造之法，虽随意制成，自有天然风致。嘉庆间陈曼生作宰宜兴，属为制壶，并画十八壶式与之。彭年兼善刻竹，刻锡亦佳。

## 四方茶叶罐

款识：荆溪邵制（底款）

赏评：年份约为民国左右。做工精细，造型颇具立体感。描金的山、树、水都很美，相当鲜活。

①

## 六方茶罐

壶铭：①寒夜客来茶当酒；锡麒檠下。②锡麒。③锡麒丙子
试茶。④细瀹梅花煮香雪，闲扶怪石看飞泉。吴门王锡麒
书。⑤锡麒写意。⑥茶熟香温读唐诗；丙子春日锡麒夜牕

款识：正少阁（底款），杨、晓泽（盖款）

赏评：书法、画工俱佳，很有美感。

注释："寒夜客来茶当酒"语出南宋诗人杜耒《寒夜》中的
"寒夜客来茶当酒，竹炉汤沸火初红"。客人寒夜来访，主
人点火烧茶、招待客人。清新淡雅而韵味无穷。

②

③

④

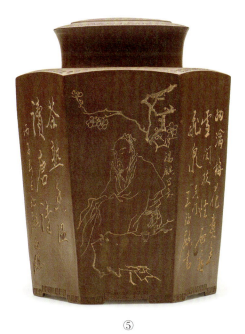

⑤

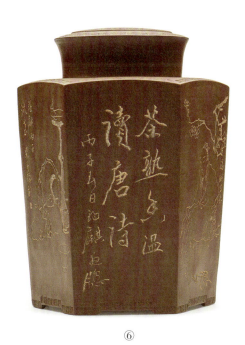

⑥

329

壶

## 第 三 章

用

# 赏壶三元素

初尝中国茶者，一般都不懂得茶的韵味与紫砂壶之间不可分割的情缘。未经紫砂壶泡出来的茶汤，总是若有所失、滋味不足、欠缺神韵。而要达到有神有韵、滋味无穷，就缺不得一把好的紫砂壶。因此，识茶者一般都会收藏好几把心爱的茶壶，随时享用，和知音分享，其乐无穷。

一把好的紫砂壶最基本的要求是泥料好、外形顺眼、手感舒适、出水流畅，泥壶自然润泽。

赏评紫砂壶，大致上可由三个环节去考量。

## （一）砂质

明末的原矿紫砂可视为紫砂最粗糙的原始时期。清中期后，紫砂开始进入一个较为精细的炼土工艺阶段。其中，清中至清末时期出现不少好壶，最被垂青的是朱泥小品，让好茶的爱壶者在品茶时有高度的满足感。目前，知音者以拥有一两把清代朱泥壶为荣。民国初期至"文革"前的原矿紫砂不错。这是因为清之后，炼土技术有所提升，特别是把原矿土经暴晒、陈化、水养、搅拌和分筛等不同工序，让原矿砂得以去除杂质和挥发性物质。所以当时民国制成的壶，就算未经茶水泡养，亦是油润生辉，让人一睹钟情。这些老壶跟现代手工艺人抛光增辉后的壶，截然不同。

## （二）外形与工艺

紫砂壶自明朝创始以来，外形千变万化，工艺也日新月异。外形之美与工艺之新让人在注重紫砂壶本身的使用功能之外，又多了几分美的感受。享用中国佳茗者，首先应在茶品选择上有品级要求；其次要看使用什么样的壶型去泡好一杯适己之茶；最后才是外形之美的选择。总而言之，对于茶友来说，在满足功能前提下的外形之美，才是内蕴外延之大美。

在使用茶壶的三十几年间，我感觉一些新的紫砂壶往往过分突出外形之美，过于追求工艺之奇，完全忘记了茶壶是用来泡茶的这一基本功用。更有甚者是整体茶壶外形比例不对，最常见的是壶嘴与把手部比例不合理，如120~180毫升小茶壶，提把部位往往偏大，拿起壶时感觉有些把持不定，犹如一个人在虚脱的状态。其次是壶身的高度过高或过低，与出水壶嘴和壶耳不协调，常出现的是壶身大而出水壶嘴孔过小，使得茶汤出水缓慢或纤弱，让泡茶者心神不安，泡不出好茶。

## （三）实际应用效果

一把好的紫砂壶，起码的要求是使用起来称心又舒适。首先，投茶之前拿起茶壶要感觉轻巧、舒适且安全。有不少制壶工，把工艺放在壶的外形表现，突出壶身和整体的外观美，而忽略了其实用性与提起茶壶时的舒适度，甚至有壶盖不易拿起又容易坠手的现象。其次是提把要符合人体工学的设计原理。使用紫砂壶，提把的舒适度非常关键，其局部上拉一两厘米可能就会影响数倍体验。再次，出水应自然顺畅。有些茶壶并不考虑实用性，为了创新或求异而随意改变壶嘴的高度、流之外形与壶体之间的协调。

# 如何选择一把实用的紫砂壶

对于购买紫砂壶的人来说，有的是为了收藏，买来就是放起来观赏和等待升值；有的是为了使用。以下所谈主要是面向后一群体。

对于刚接触紫砂壶的茶友，我建议一开始不要盲目追求昂贵的紫砂壶或者所谓的名家壶。因为当您对真名家与仿名家不清晰的时候，很容易买到仿壶，而它的价格同样也很贵，一般最少也要上万块至几十万元不等。若是不那么计较钱的茶友，可以让懂紫砂壶的朋友帮您掌掌眼，挑贵一点、好一点的茶壶。因为对于玩紫砂壶的人来说，没有四五年的经历，很难真正认识紫砂壶，更不要说找到合己适用的老壶，真是可遇不可求。三四十年前市面上老壶真品还比较多，现在不是没有，但要懂行且有眼力的茶友才能找到好的真品老壶。

如果认真了解此书中的每把壶以及它的赏评，就会清晰地知道购买一把好的紫砂壶时应该注意什么：

首先是泥料要好。切记尽量不要选择颜色十分不自然的，添加有对人体有害物质的化工壶。

其次出水要流畅，不要有塞住的感觉。

再来，壶拿起来的时候要有称心的感觉，也就是说提把要符合人体工程学的设计。这样就不会有压迫感，拿起来也比较舒畅，而手感好的壶会让您感到它对您情深款款。身体的舒适加上精神的愉悦，再通过手的神经把这般美好的心情带入茶汤去，这是多么不可思议的美感享受！人壶合一，必能泡出一杯美妙的好茶。

在对紫砂壶有了初步理解之后，就要根据平时喝茶时的人数来选择茶壶了。当有亲戚朋友到访，我们必然是取用大壶泡茶奉客，自己品茶时则只需小茶壶便可发挥茶性，而知己两三时就要选用不大不小的茶壶了。一至两个人，最好选择不超过150毫升的茶壶；如果是四个人左右，就要选择约200毫升的茶壶，最好不要超过300毫升。

把茶壶放在手心，张开手掌，注意不要让手指捂住壶体，然后轻轻地用壶盖的的子敲击，从两个圆周里面转一个圈：如果听到很脆的金属声音，那就说明火候够；如果敲起来好像瓦片，那就说明火候不足。用火候不足的壶泡茶，较难发挥茶性和滋味。因为温度很高的水会带出紫砂壶的一些土味，抑制茶香。因此，挑一个敲击声音清脆、火候充分的茶壶是必需的。

在买壶的过程中，打开盖子后，看到不均匀的、乌乌黑黑的痕迹，一般就是做旧的。目的是为了让您感觉是一两代人拿来喝茶并传下来的古董壶。看到这种壶一般都要慎重，最好不要轻易挑它来泡茶。

喜欢紫砂壶的人，都会希望手上的壶光泽油亮。但如果买之前就有玻璃体的光亮度的话，极有可能是经过打磨、上蜡等处理的，也就是为了卖相好一点而人为处理过的。英文里有名句，All that glitters is not gold，即闪闪发亮的不都是黄金，便是这个道理了。如果买之前暗淡里显油润，色泽朴素自然，就非常好了，也比较靠近原矿土。在养茶壶过程中，经过一段时间，油亮度和润度都会有所提升，这种自己泡茶过程培养出来的光泽感，看起来更为舒畅和有满足感。

# 泡什么茶选什么壶

怎样才能更好地保存并发挥茶壶的功力呢？那就是要小心地分开使用茶壶，即一把茶壶应只适用某一类茶。这样会让壶内的气孔长期仅吸收某一种您特别偏爱的茶韵与香气。

茶壶有高矮肥瘦不同形状，也有厚胎和薄胎之分。厚胎者壶壁较粗，壶身厚重；薄胎者壶壁较薄，壶身轻巧。

如选用薄胎壶泡茶，便适宜选用清香类茶叶。因为薄胎壶散热快，不会闷熟茶香。而厚胎者则适宜冲泡味浓或醇厚的茶叶，比如老普洱或老乌龙茶。厚胎者，壶壁内气孔较多，存温保热时间也长些，故容易发味，滋味充足、茶韵也较浓厚。

冲泡绿茶最好能挑选一个轻身薄胎壶，盖口要阔大，壶身要扁。壶身不宜太高，因为这样便可配合茶壶良好的散热效果，以保持茶叶鲜美的茶香，避免绿茶在冲泡过程中被高温的水闷熟，从而出现"熟汤味"。就好像吃火锅时，涮蔬菜，一般十秒八秒就可以吃了，又爽又脆；但如果涮过头了，就软而无力，青翠、活泼的味道也消失了。

冲泡台湾乌龙茶最宜高身的茶壶。因为一般而言，台湾茶接触热水后膨胀幅度很大，若采用高身的壶，滋味会饱和一些。采用矮扁的壶，则不能发挥其茶性。

有一种中小型的茶壶最宜冲泡浓香、韵长的铁观音，统称为"孟臣壶"，大概容量是从100毫升到150毫升。这种茶壶最为潮汕一带人士偏好，又称为"工夫茶"壶。这类茶壶以清末民初时制造的最为经典，可说是千金难求。

冲泡水仙茶时，要分辨是潮安县的单枞还是武夷山的岩茶，两者皆有清香型或浓香型之别。选用紫砂壶时，泡清香型者宜采用高身薄胎茶壶；反之，泡浓香者则宜选用扁身厚胎茶壶，有助增加味厚、韵长的效果。

泡普洱茶时，最好不要使用四方、太尖的壶，椭圆的、饱满一点的会比较好。

泡白茶则需要拥有圆一点、宽一点盖子的壶。因为白茶茶叶比较蓬松，如果壶盖太小就不好放进去了。

## 紫砂壶的开壶及后续保养

紫砂壶的开壶有多种方法，我常用的方法是：

第一步，壶中注满沸水，稍等片刻倒掉，然后再次注满沸水，等十分钟再次将水倒掉。用一支新的硬毛笔或牙刷把里外不容易擦到的地方都刷干净，再将紫砂壶放入干净无油的锅内。这一步以及之后所有煮紫砂壶的过程中都要保证锅内的水高于壶身一倍左右。这是为了避免水分蒸发掉之后，壶身上下出现不均匀的痕迹，并且还要注意不要让紫砂壶在锅内打翻，所以最好用布将壶包紧。待水煮沸，再以慢火煮一小时。这样做可以去除壶表面的杂质。

第二步，取豆腐一块，一半入壶，另一半入锅，慢火煮一小时。这样做可以去除气孔内外的火气。请注意此步与后续步骤中用水尽量取用纯净水或是经过麦饭石处理过的水，切不可直接用自来水，因其矿物质含量较高，煮壶过程中易产生白斑，之后难以去除。

第三步，取甘蔗一段，把它切成两至三节，放到水里一起煮一小时。这样做可以滋润茶壶。

第四步，开始冲泡自己喜欢的茶。收集每泡茶汤，之后将茶渣弃掉，用收集的茶汤再煮茶壶约半个小时，也就是我们常说的给壶"喝饱"。

这样一套完整的开壶过程完成后，就可以正正经经地泡自己想泡的茶了。

在长时间使用紫砂壶的过程中，有时会发现盖子的边缘、的子、提把等处出现茶垢或白白的氧化物。这是泡茶过程中，茶分解出的茶素以及水中的矿物质留下的痕迹。如果使用这样"流眼泪"的壶来泡茶请别人喝，他人就会觉得泡茶的人不讲究不卫生，没有好好打理自己的茶壶。因此一旦发现壶身有白白的氧化物或茶垢等苗头，就可以用专门护理紫砂壶的干净牙刷蘸湿后刷洗这些地方，在早期它还没有紧紧地附着在壶以前，很容易刷掉。之后再用湿的茶巾一擦，就干净了。

每次泡完茶，都要用热水把壶里的茶渣带出来，再用茶巾将整把壶顺着圆周全部擦干净。如果使用的是半干半湿的茶巾，壶身便会出现油面光泽。

值得注意的是，清洁后不要密封茶壶，要把盖子向前三分之一地昂起来，这样透气，里面水分会慢慢蒸发掉，一两天就没有了，壶就不会生垢或有什么不干净的地方。在泡茶过程中有些茶没有完全泡完，还可以再泡，有的人舍不得倒掉，这时可以把茶壶里面的茶倒干净，然后将盖子向后倒着昂起来（壶盖内部对着提把）。这样就很容易区分哪些是清理好的，哪些是还有茶的。另外，切不能忘记"清理茶渣而远行"。不然茶叶在壶内会渐渐起霉菌，同时产生不良异味，破坏茶壶经多年培养出来的迷人又自然的可口茶韵。

## 三十年积淀：健康品饮与养壶绝招

用好的紫砂壶泡出来的每一道茶汤都鲜美可口吗？用好的紫砂壶泡出来的好茶一定健康吗？这真的是个大问题！

我在开始使用紫砂壶的数年里，也被上面的问题困扰。例如，我经常发现，好茶好壶，前二三道茶有温吞之感，四道之后，茶的香气滋味才突然释放出来。经过悉心研究，我发现了其中的秘密。

我曾经在各地演讲时做过类似的演示。泡饮普洱茶，尤其是有年份的老茶时，先在盖碗里用100摄氏度的水温冲洗茶两次，洗茶的水分别倒在玻璃杯中。一段时间后，会发现玻璃杯中的洗茶水愈发浑浊，这是普洱茶陈化过程中产生的氧化物。试想，如果我们一开始将陈茶放入紫砂壶，虽然先洗茶，但是由于紫砂壶独特的气孔构造，洗茶水里的氧化物便会附着在茶壶的气孔内。我们洗茶过后开始喝的二至三泡里，都有氧化物！用这样的茶壶饮茶会影响我们的健康，也影响了茶的滋味与口感。所以，数十年来我总结出的绝招便是：先以盖碗洗茶一至两遍，其间用竹枝搅拌匀透，然后再将茶叶导入紫砂壶。这样便可以喝到安全健康的好茶了！

大道至简，小道又何尝不是这样呢。看似简单的原理，却是经过数年才发现和总结出来的。

## 改进紫砂壶的小技巧

在购买紫砂壶的时候，最好要试一试水。壶内装约八分水，然后看看出水的水流如何。出水不好一般是因为壶嘴被塞住或有不干净的泥土，也可能是的子对流不配合。但有时即便买了出水好的壶回家，依然会发现泡茶的过程中出水不流畅。这是因为茶叶塞住了壶嘴内部，把出水的位置堵住了。这时可以购买带有弹簧过滤的壶塞，圆圆的，一插进壶嘴里问题就解决了；也可将稍微大一点的钢丝网塞到茶壶里面。这两种方法都可以隔离茶叶，避免堵塞使其出水更好，美观又实用。

早期的老紫砂壶一般为单孔，在泡茶时容易出现堵塞现象，用上文介绍的钢丝网覆盖单孔，形成过滤作用十分有效。

清代

有时候，一不小心把壶的提把摔断了，但是毕竟用了很多年，已经有感情舍不得扔掉，便要进行补救。如果断成两节的话，只需直接黏住就可以用了。但如果是摔成三四节实在不好黏，就可以去金店让店家打一层金将提把包裹起来，这样便可以再次使用。但因为黄金传热非常快，很烫手，这时可以用蜻蜓结将提把包住后使用，既不会烫手，又增添了美感。

民国

## 紫砂壶的美学

紫砂壶的美学体现在很多方面，其中最有特征的便是耳朵的美感，我们可以从右图看到从清代、民国到现代比较典型的耳朵的变迁。

现代

图一：台湾陶壶

图二：台湾玻璃公道杯

图三：福建公道杯

不光是紫砂壶，茶具的耳朵也是审美和实用中很重要的角度，左图一为台湾陶壶，耳朵拿起来很费力、不贴心，弧线亦缺少美感；图二为台湾玻璃公道杯，耳朵顺畅优美，用两个手指拿很轻松；图三为福建公道杯，无论用两个手指还是三个手指都自然舒畅，很贴心、窝心。通过这个对比我也希望工手们在做茶器的时候，对耳朵不要太随意。

美无处不在。有的人提起紫砂壶的动作显得自然流畅，给人以优雅的感受，而有的人则表现得唯唯诺诺，毫无美感。这种情况往往是因为不了解正确使用紫砂壶的方法所致。

拿起紫砂壶时的美学，简单来说，要以大拇指和中指穿过提把，然后以无名指来承受力，这样三指配合；再以食指轻轻按住的子并注意不要封住气孔。这样按住既可以保持紫砂壶的透气，还不会烫到手。按此法提壶手就会呈现半月形的弧度，非常优美。

提壶示范（单手）

提壶示范（双手）

倒水时不要一开始就让水飘出来，那样就没有美感了。要慢慢倒，茶以约45度角流出来。这就是应用紫砂壶时的美学了。

另外，泡茶时不要急。悠然自得地冲泡和品饮一泡茶，茶汤也会变得更柔美。

中国的紫砂文化博大精深，奥妙无穷。我亲近紫砂近四十年，经手的茶壶凡数千把，并不喜欢状不惊人死不休的畸形怪壶，也不重视造壶者的名头大小、其价格高低，但却钟爱好泥料、好型工，尤其是符合人体工学，使用起来舒适自然、出水流畅的。苏东坡用"从来佳茗似佳人"形容好茶，紫砂壶又何尝不是如此。岁月静好，茶壶相伴，足矣！

参考文献

【1】吴骞（清），《拜经楼丛书·阳羡名陶录》，上海博古斋民国壬戌年影印本

【2】周高起（明），《粟香室丛书·阳羡茗壶系》，光绪戊子年江阴金氏影印本

【3】詹勋华，《宜兴陶器图谱》，南天书局有限公司，1982

【4】罗桂祥，《宜兴陶器》，香港大学出版社，1986

【5】万妙玲，《朱泥壶的世界》，壶中天地杂志社，1990

【6】王抗生，《中国瑞兽图案》，万里书店，1990

【7】顾景舟，《宜兴紫砂珍赏》，香港三联书店，1992

【8】唐云，《紫砂壶鉴赏》，万里书店，1992

【9】李瑞隆，《宜兴古陶器鉴赏》，静观堂，1993

【10】黄瑟琴，《钰壶雅集－紫砂壶典藏系列》，钰壶轩，1994

【11】徐秀棠，《中国紫砂》，上海古籍出版社，1998

【12】台湾成阳基金会，《古壶之美》，台湾成阳艺术文化基金会，2000

【13】宾虹，《阳羡砂壶图考》，香港中文大学文物馆，2006

【14】黄健亮、黄怡嘉，《荆溪朱泥：明清宜兴朱泥壶研究》，2010

【15】刘黎平，《紫砂壶典》，湖北美术出版社，2014

【16】黎淑仪、谢瑞华，《北山汲古－宜兴紫砂》，香港中文大学文物馆，2015

【17】陈国义，《千载之遇：与茶走过的日子》，上海三联书店，2017

**图书在版编目（CIP）数据**

壶中日月：陈国义紫砂壶藏品 / 陈国义著. —上海：上海三联书店，
2018.6

　ISBN 978-7-5426-6259-0

　Ⅰ.①壶… Ⅱ.①陈… Ⅲ.①紫砂陶－陶瓷茶具－鉴赏－中国
Ⅳ.①K876.3

　中国版本图书馆CIP数据核字（2018）第082505号

# 壶中日月——陈国义紫砂壶藏品

著　　者 / 陈国义

出版统筹 / Vito　胡津津
责任编辑 / 陈马东方月
摄　　影 / 王　楠　许雅靖
装帧设计 / 零贰壹肆设计工作室
监　　制 / 姚　军
责任校对 / 周燕儿
出版发行 / 上海三联书店
　　　　　　（201199）中国上海市闵行区都市路4855号2座10楼
邮购电话 / 021-22895557
印　　刷 / 上海盛通时代印刷有限公司

版　　次 / 2018年6月第1版
印　　次 / 2018年6月第1次印刷
开　　本 / 787×1092　1/16
字　　数 / 50 千字
印　　张 / 21.5
书　　号 / ISBN 978-7-5426-6259-0 / G·1493
定　　价 / 328.00元

敬启读者，如发现本书有质量问题，请与印刷厂联系021-37910000